Священники и пророчество

Адония О. Обоннайя, Ph.D.

Права на публикацию © 2023 закреплены за литературным подразделением AACTEV8 International.

Под редакцией Кэти Стрекер.

Дизайн обложки - Эдвард Джонсон, компания Elev8shin Inc

(Апостольская Сеть Активизации)

Адрес Aactev8 International: 1020 Виктория Авеню Венис, штат Калифорния 90291, США
www.aactev8.com

Опубликовано издательством Seraph Creative

Перевод текста книги - Павел Лыков - pavel@lykov.online

Редактура русского текста - Светлана Сазонова - neustroevasvet@mail.ru

Данные Библиотеки Конгресса США

1

СВЯЗУЮЩЕЕ ЗВЕНО МЕЖДУ СВЯЩЕННИКАМИ И ПРОРОЧЕСТВОМ

Заклание Агнца прежде основания мира – это не процесс лишения жизни, а скорее передача жизни всему творению.

В этой книге мы будем говорить о роли священника и функциях пророчества, потому что понимаем их неправильно, как и нашу главную роль на земле. Войти в стан народа кажется довольно легкой задачей для священника, однако Бог хочет от нас другого – знать свою роль в эпоху нового времени. Для этого нам необходимо понять, что означает быть сыном, быть священником и пророчествовать. Статус сына и священника вечен, а пророчество ограничено во времени. Свяще́нство всегда длительнее пророчества, потому что священство и сыновство существовали прежде сотворения мира. В целом и сам процесс пророчествования является временным, потому что он ограничен рамками творения. Писание говорит об этом так:

Любовь никогда не перестаёт, хотя и пророчества прекратятся, и языки умолкнут, и знание упразднится. Ибо мы отчасти знаем и отчасти пророчествуем; когда же настанет совершенное, тогда то, что отчасти, прекратится. (1 Кор. 13:8-9)

Твердость пророчества и его действенность основывается на том, насколько мы видим себя сынами и священниками. Это правда, поскольку институт Священства существовал ещё прежде сотворения мира, так как Агнец был заклан от создания мира, и нам известно это из Библии:

…И поклонятся ему все живущие на земле, которых имена не написаны в книге жизни у Агнца, закланного от создания мира. (Откр. 13:8)

Заклание Агнца прежде основания мира – это не процесс лишения жизни, а скорее передача жизни всему творению. Другими словами, то, что Бог совершил ещё до сотворения мира, стало основой структуры Вселенной и всех её процессов.

Сыновство началось в Боге. Божий принцип рождения является основополагающим в Троице, которая так устроена изначально. Сутью такого рождения является появление того, кто есть образ (проявление в англ. – прим. пер.) Бога невидимого. Таким образом, Сыновство растет из Троицы, где быть сыном значит обладать унаследованной праведностью, поскольку ребенок несёт в себе природу родителей. Это означает, что Сыновство вносит Самого Бога в творение. Сын несёт в себе всю полноту Бога: всю Его праведность, святость, благость, милость и благодать. Если человек становится сыном Божьим, такой человек несет в себе (даже если не в проявлении, то в потенциале) всё, кем является Бог. Быть дитем Божьим и родить Сына Божьего – фундаментальные характеристики Троицы. Это означает, что и мы – вы и я, рожденные от Бога, несём в себе всю Его полноту. Сыновство возрастает в искупление, очищение и исцеление. Только тот Сын, который был рожден от Бога, несёт внутри полноту природы Божества, Сыновства и Бога.

Невозможно стать священником, не родившись в семье того, кто служит у жертвенника. В Библии используется термин «сын» вовсе не для дискриминации женского пола. В Писании именно сын становится священником. Изначально же священство было женской функцией. Помните, у Иакова было тринадцать детей. Одна из них – дочь по имени Дина. После того, как Израиль сформировался как народ, Дина больше нигде не упоминается. Кроме того, Иаков усыновил одного из сыновей Иосифа, и перевёл другого своего сына Левия в священники, однако эту функцию должна была нести Дина.

Институт Священства – это положение высшей жизни или высшего «Я» Израиля, в котором Бог прибегает к использованию людей для выполнения определенных задач. Почему же священство было передано мужчинам, хотя изначально это была женская функция? Это раввинская тайна за семью печатями! Священник – тот, кто открывает врата между этим и другими мирами, следовательно, является хранителем лона.

Пришло время начать мыслить в соответствии с обстоятельствами новой эпохи, и понять каковы женские функции, необходимые для настоящего исцеления мира?

Все человеческие дела даже в состоянии грехопадения обычно являются отголосками того, что изначально задумал Бог. Например, все гендерные споры, которые мы видим сегодня, на самом деле связаны с нашим человеческим желанием вернуться к тому, что Бог задумал тогда, когда не было ни мужчин, ни женщин. В состоянии нашей падшей природы мы решаем этот вопрос неправильно с чисто физической точки зрения, но на самом деле – это духовный принцип. Помните, что во Христе мы одно:

все вы, во Христа крестившиеся, во Христа облеклись. Нет уже Иудея, ни язычника; нет раба, ни свободного; нет мужеского пола, ни женского: ибо все вы одно во Христе Иисусе. (Галатам 3:27-28)

Поэтому, когда мы входим во Христа, принцип бинарности становится принципом единства. Это означает, что именно теперь может начаться наша продуктивная деятельность.

Вернемся к священству. В Израиле существовало три вида священников. Каждый священник, если только он не был усыновлен, нёс в себе кровь священников своей родословной линии. Священник пророчествует как в зависимости от происхождения - родословной линии, так и в зависимости от функций, которыми он наделён в статусе священника. Бывает такое, что функция священника также попадает в зависимость от определенных вещей, и тогда его пророческие побуждения задаются тем, как именно он священнодействует. Если как священник вы действуете не безупречно, то ваше пророчество понесет в себе изъяны. Если вы не понимаете своей священнической роли, вы в конечном итоге будете пророчествовать, исходя из неверного понимания, тем самым создадите ещё больше недопониманий. И поэтому нам так важно внимательно изучить все три вида священников, а также то, как они влияют на пророчество.

Помните свой статус сына. Став сыном, вы также стали священником. Священству присуща сильная женская вибрация и женский взгляд на вещи. Нам известно, что у большинства народов священниками (жрецами) являются мужчины, но во многих древних культурах жрицами были женщины. На протяжении всей истории человечества религия развивалась так, что священство из женской обязанности вынужденно перешло в мужскую. В итоге служителями у алтаря лона творения стали мужчины. И это не язычество – такова реальность.

Даже Храм спроектирован и построен как лоно, чрево, где продвигаясь вовнутрь, вы проходите из внешнего двора через три измерения – во Святое Святых. Процесс входа в храм несёт глубокий смысл – вернуться в лоно творения, в глубины того, кем является Бог, и, проходя через проёмы и «лоно» храма, возвратиться назад полностью заново родившись.

Биология человека – это метафора богословия. Ваше тело – храм Святого Духа (1-е Коринфянам 6:19). Архитектоника Израильского храма соответствует анатомии человеческого тела. Фактически храм сконструирован как его имитация, чтобы в полной мере отразить строение человека.

Посмотрим на некоторые места Писания, в которых говорится о трех видах священства и их функциях:

Снаружи внутренних ворот были комнаты для певцов; на внутреннем дворе, сбоку северных ворот, одна обращена лицом

к югу, а другая, сбоку южных ворот, обращена лицом к северу. И сказал он мне: «эта комната, которая лицом к югу, — для священников, бодрствующих на страже храма; а комната, которая лицом

к северу, — для священников, бодрствующих на страже жертвенника: это сыны Садока, которые одни из сынов Левия приближаются к Господу, чтобы служить Ему».
(Иезекииль 40:44-46)

И

«Так говорит Господь Бог: никакой сын чужой, необрезанный

сердцем и необрезанный плотью, не должен входить во святилище Моё, даже и тот сын чужой, который живёт среди сынов Израиля. Равно и левиты, которые удалились от Меня во время отступничества Израилева, которые, оставив Меня, блуждали вслед идолов своих,

понесут наказание за вину свою. Они будут служить во святилище Моём, как сторожа у ворот храма и прислужники у храма; они будут заколать для народа всесожжение и другие жертвы, и будут стоять пред ними для служения им. За то, что они

служили им пред идолами их и были для дома Израилева соблазном к нечестию, Я поднял на них руку Мою, говорит Господь Бог, и они понесут наказание за вину свою; они не будут приближаться ко Мне, чтобы священнодействовать

предо Мною и приступать ко всем святыням Моим, к Святому Святых, но будут нести на себе бесславие своё и мерзости свои, какие делали. Сделаю их стражами храма для всех служб его и для всего,

что производится в нём».

А священники из колена Левиина, сыны Садока, которые во время отступления сынов Израилевых от Меня постоянно стояли на страже святилища Моего,

те будут приближаться ко Мне, чтобы служить Мне, и будут предстоять пред лицом Моим, чтобы приносить Мне тук и

кровь, говорит Господь Бог. Они будут входить во святилище Моё и приближаться к трапезе Моей, чтобы служить Мне и

соблюдать стражу Мою. Когда придут к воротам внутреннего двора, тогда оденутся в одежды льняные, а шерстяное не должно быть на них во время служения их в воротах внутреннего двора и внутри храма. Увясла на головах их должны быть также льняные; и исподняя одежда на чреслах их должна быть также льняная;

в поту они не должны опоясываться. А когда надобно будет выйти на внешний двор, на внешний двор к народу, тогда они должны будут снять одежды свои, в которых они служили, и оставить их в священных комнатах, и

одеться в другие одежды, чтобы священными одеждами своими не прикасаться к народу. И головы своей они не должны брить, и не должны отпускать волос, а пусть непременно стригут

головы свои. И вина не должен пить ни один священник, когда идёт во внутренний двор. Ни вдовы, ни разведённой с мужем они не должны брать себе в жёны, а только могут брать себе девиц из племени

дома Израилева и вдову, оставшуюся вдовою от священника. Они должны учить народ Мой отличать священное от

несвященного и объяснять им, что нечисто и что чисто. При спорных делах они должны присутствовать в суде, и по уставам Моим судить их,

и наблюдать законы Мои и постановления Мои о всех праздниках Моих, и свято хранить субботы Мои. К мёртвому человеку никто из них не должен подходить, чтобы не сделаться нечистым; только ради отца и матери, ради сына и дочери, брата и

сестры, которая не была замужем, можно им сделать себя нечистыми. По очищении же такого ещё семь дней надлежит отсчитать ему. И в тот

день, когда ему надобно будет приступать ко святыне во внутреннем дворе, чтобы служить при святыне, он должен принести жертву за грех, говорит Господь Бог. А что до удела их, то Я — их удел. И владения не давайте им в Израиле: Я — их владение. (Иезекииль 44:9-28)

Среди священников выделяют четыре разряда со своими

обязанностями. Первый разряд – первосвященник. Род Аарона был выбран для несения только этой священнической обязанности. Лишь его потомок избирался Первосвященником Божьим для служения Богу в храме. Так было установлено с самого начала. Священником сначала был также Моисей, который не должен был нести эти обязанности, поэтому он и назначил Аарона.

Следующий разряд – это левиты. Сыновья Левия, имея священнический статус, не несли служение внутри храма. И следующий разряд – весь остальной Израиль, священники, служившие вне храмового двора.

Если рассматривать служителей храма в пророческом контексте, то выделяются следующие группы: Первосвященник, затем служители, которые приносили жертву, и те служители, которые отвечали за продовольствие в храме. Так было устроено в те времена, когда разряд и роль назначались сверху, и после этого каждый понимал свои задачи. Такой порядок оказывал прямое влияние на то, как пророчествовать. Позже, когда появилась книга Иезекииля, слова пророка пояснили, что Сам Бог возвестил народу: от того, как вы выполняете священнические обязанности, зависит ваше служение и ваше пророчествование.

Однако, читая Библию, вы нигде не увидите, чтобы Первосвященник когда-либо произносил пророчества – Первосвященник сам был пророческой фигурой. Всё, что он совершал, было пророческим. Вот мы и нашли проблему! Если ваши священнические обязанности осуществляются служением и угождением народу, тогда и ваше пророчество будет говорить о нуждах народа. Это подтверждается историей об Аароне и золотом тельце, что по сути стало пророчеством, вылившимся в идолопоклонство и гибель людей. Оно было направлено на то, чтобы удовлетворить их желания, а не на служение Богу. Здесь мы видим ясный пример, почему пророчество искажается, когда священник сосредотачивает свои мысли на служении людям. Священник возводит людям идола, используя Божьи системы, а люди затем начинают возиться с этим идолом и поклоняться другим богам. Так что же произошло? В Исходе 32:1 говорится:

Когда народ увидел, что Моисей долго не сходит с горы, то собрался к Аарону и сказал ему: встань и сделай нам бога, который бы шёл перед нами, ибо с этим человеком, с

Моисеем, который вывел нас из земли Египетской, не знаем, что сделалось.

На тот момент Аарон ещё не прошёл полное посвящение на роль Первосвященника, он всё ещё выполнял обязанности простого священника, и, поддавшись влиянию гласа народа, сделал им идола. Причиной произошедшего с людьми стал их дух недовольства и желание вернуться к обычаям и богам, которых они знали в Египте. Поэтому Аарон сделал им такого бога – золотого тельца. Затем сам начал поклоняться идолу и молиться ему. В результате Моисей был изгнан из присутствия Божьего. Услышав, как народ празднует, он понял, что вина лежит не на пророке, а на священнике. Именно священник создал такую пророческую платформу, на которой народ стал пророчествовать от духа идола. Когда священник действует неверно, пророчество попадает под отрицательное влияние и становится сомнительным. Поклонение также подвергается отрицательному влиянию. И тогда всё становится деятельностью ради деятельности и зрелища. Именно он – священник – пошёл на поводу у народа и создал проблему.

Помните, что Моисей прежде был левитом перед тем, как стать пророком. Даже в пророческих действиях Моисея есть внутренний священнический мотив. Почему пророчество Моисея было настолько мощным? Потому что он всегда пророчествовал, желая служить и угодить Богу.

Да, священники должны служить народу, но проблема не в этом. Она возникает тогда, когда потребности народа начинают диктовать священнику, как ему говорить от имени Бога. И это серьезная проблема, когда перепады настроения людей, симпатии и антипатии, любовь и ненависть, а также эмоциональные взлёты и падения становятся определяющими факторами для слов священника. Как результат пророчество попадает в зависимость от человеческого настроения, и священник пророчествует людям, служа их сиюминутным нуждам. И само служение становится не служением Богу, а людям, и зависит от их меняющихся прихотей.

Ну вы же понимаете, что пророчествовать прихожанину, не учитывая его текущего настроения, значит расстроить человека, а если он расстроится, то уйдет из общины. Поэтому священник пророчествует так, чтобы удержать человека. Если такое происходит, то подобное священнодействие начнёт влиять на пророчества, которые сфокусируются на человеке и его настроении, и тогда точно невозможно будет прочесть Божьи намерения. Причина проста – всё ваше внимание сосредоточено не там! Угождение человеку никак не связано с угождением Богу. Что же получается, разве служить людям – это плохо? Нет.

Посмотрите ещё раз, что говорит Бог в Иезекии 44. Те священники, которые «служили им пред идолами их», когда народ удалился от Бога и блуждали вслед идолов, служа людям по их потребностям, понесут своё наказание. Каково оно? Наказание заключается в том, что они понесут бремя людей таким образом, что оно будет вызывать проблемы. Одна из причин, по которой много пасторов так рано умирают из-за разных болезней, заключается в том, что они служат людям ошибочно по их заблуждениям, а не так, как видит это Бог. Нельзя служить людям, угождая их нуждам. Служить нужно только из видения Бога. В тот самый момент, когда вы «прогибаетесь» под удовлетворение насущных потребностей человека, учитывая его настроение, эмоциональную нестабильность, возникшую из-за превратностей жизни, вы в конечном итоге всё равно понесёте его бремя, вес которого вам не потянуть. Поступая так, вы подставляете не только своё плечо, но и свою душу, проповедь и даже служение.

Поскольку склонность соревноваться заложена в природе человека, вы точно не выдержите, и начнёте состязаться   в служении. Вам захочется приобретать себе последователей, поэтому вы подвергнете корректировке и своё богословие и манеру говорить, а затем из ваших уст начнёт выходить что-то такое: «Иисус Христос есть не единственный путь». Далее ваши пророчества начнут соответствовать всем изъянам богословия. Поступая так, вы не служите Богу по Его правилам, а скорее обслуживаете перепады человеческих эмоций, что приведёт ситуацию к ещё большей нестабильности. В конечном итоге ваше служение вызовет только лишь путаницу на лице земли. Возможно, на какой-то период вы облегчите людям жизнь, но в долгосрочной перспективе это создаст им массу проблем. Сосредоточившись только на «потребностях» человека, вы не позволите ему увидеть Бога, хотя Церковь всегда призывала служителей сосредотачиваться на нуждах людей. Но что же получается? Сколько людских потребностей вы сможете удовлетворить реально? Рано или поздно вы получите собрание из эмоционально незрелых прихожан, которые дерутся друг с другом в попытках получить от вас пророчество. Таким образом, что же служит источником вашего пророчества? Неуспешное священство? Неисполнение священнических обязанностей в конечном итоге заставляет вас пророчествовать таким образом, что вы преувеличиваете значимость потребностей и страданий людей среди собрания или среди всех тех, кому вы служите до космическо-вселенских масштабов?

Итак, мы помним, что служение людям – это всё же хорошее дело. Когда Бог установил институт священства, Он назначил некоторых священников на служение народу. Их служение делилось на несколько видов, потому что без священника никак не обойтись. Институт священства никогда не исчезнет. В Откровении 1:6 сказано, что Бог сделал нас царями и священниками, а не царями, священниками и пророками. Однако в 1 Коринфянам 13:8 говорится, что однажды пророчество прекратится. Когда оно не проистекает из сыновства, царственности и священнодействия, то прекращает действовать в истине и становится ложным, потому что появилось от неправильного восприятия и неверного направления энергии священника. Человек, который служит другим, должен остерегаться влияния и зависимости от эмоциональных прихотей людей.

Следующий вид священников – это те, кто начинает служить зданиям. Помните период, когда пятидесятники в США затеяли строительство больших церковных зданий? По идее это же неплохо – отстроить себе храм и служить в храме. Но если вы не проявите осторожность в служении материальным вещам, то это может привести вас к пророчеству о вещах, и ещё раз о вещах, и только о вещах. Однако от корректировки вашего священнодействия будет зависеть ваше пророчество.

Каждый верующий способен пророчествовать, но пророчество должно проистекать из священнодействия. Что должен сделать священник, чтобы его пророчество производило перемены, а не вводило людей в заблуждение? Что у нас произошло не так давно по этой теме? Почему многие из нас упустили то, что говорил Бог, несмотря на то, что Он говорил открыто? Я не умничаю. Я долго молчал и даже соглашался с людьми, которые пророчествовали из неверных побуждений, но затем Господь лишил меня покоя. Смотришь на то, что сегодня творится и понимаешь, что церковные лидеры служат пастве из материальных и системных побуждений.

Поэтому, если вы священник, привязавший себя к системе, которая придаёт вам значимость, эта система в конечном итоге может лишить вас способности пророчествовать.

Позвольте мне привести другой пример. Мы знаем по крайней мере двух важнейших Библейских пророков, которые также были священниками – это Иеремия и Иезекииль. Исаия, например, был пророком и писцом царя. Моисей был священником, Захария тоже. Я полагаю, что Осия был также священником. Все они понимали значимость священства, и их пророчества соответствовали тому, на чём было сосредоточено их внимание и чему они служили. Таким образом, служение вещам это нормально, потому всем нужны вещи. Однако служение людям не должно стать следованием за ними в идолопоклонство, превращением их идола в вашего идола, вашим порабощением их эмоциональным всплескам и ценностям мира, противоречащим воле Божьей. Это заставит вас пророчествовать из неверных побуждений. А когда вы так пророчествуете, то Бог становится вашим судьей, потому что ваше пророчество – это уже злоупотребление священством. Служение заключается в том, чтобы принести человеку Бога, а не ваше пророчество.

Еще один вид священников – те, кто служит непосредственно Богу. Дух Господень настоял на том, чтобы я снова говорил об этом. В отрывке, который мы прочитали выше, говорится о сыновьях Садока. Сыновья Садока – священники, которые заменили род священника Илии (1 Царств 2-4). Помните его эмоциональные пророчества? С другой стороны, он так и не обратился к Богу даже для того, чтобы спасти своих сыновей. Он не молился за них, а просто сказал, пусть всё, чего хочет Бог, произойдет. Единственное хорошее, что сделал для Израиля Илия, принял на обучение Самуила, который стал пророком и священником, чтобы священнодействовать в народе до тех пор, пока не появилась семейная линия Садока. То есть Самуил был поставлен сначала приёмным священником, и лишь потом стал пророком. Позже Самуил пришёл в дом Иессея, чтобы принести жертву, из чего мы видим, что фундаментом его пророческого служения было священство.

Возникает вопрос: кто такой священник? Мы должны глубоко понять свою священническую роль. Институт священства никуда не исчез. Священнослужение всё ещё действенно. И если я не понимаю, что значит быть священником, как я могу эффективно пророчествовать? Кризис пророков нашего времени появился из-за того, что институт священства искажён, неправильно направлен и выстроен. Священство перенаправилось к вещам и людям, а не непосредственно к Святому. Мейнстримное пророчество теперь исходит из души и эмоций человека. Оно находится под влиянием материального мира, власти, отношений, и не руководствуется Богом.

Илия потерпел неудачу как священник по той же самой причине. Сегодняшние пророки больше заинтересованы в поддержании отношений со всем народом в собрании. Того же самого паства требует от руководства в церквах. Однако же отношения между священником и народом не должны так выстраиваться – это всегда приводит к искажению пророческого послания. Израильтяне настолько привязались к системе правления Саула, что дом Илии не смог вырваться из неё даже после падения Саула. Будьте осторожны с тем, что вы делаете в этот период времени. В противном случае процесс вашего пророчествования будет настолько искажён и заражён политикой, что вы никогда не сможете эффективно пророчествовать, если продолжите отталкиваться от сиюминутных эмоций людей. Это никогда не будет угодно Богу, но будет угодно людям, их насущным потребностям, их вражде друг с другом.

Я написал несколько книг на эту тему, вы можете их прочесть. Я рекомендую «Ха-шамаим 1А» и «Ха-шамаим 1Б». И ещё книгу о молитве, она называется «Золотая цепочка». Пришло время внимательно их прочитать! Также только что вышла книга о Нагорной проповеди под названием «Открываем врата славы: жизнь по заповедям блаженства».

Помните, что вы – сыны, вы – священники и вы – цари. Христос соделал вас царями и священниками. Это звание вы получили, став сыновьями. Способность человека пророчествовать ясно и точно приходит только лишь из священства. Если вы священнодействуете неверно, пророчество тоже будет неверным, искажённым. Место Писания, которое приводилось выше, гласит, что священники, которые блуждали вслед за народом Израиля, понесут своё наказание. Их наказанием станет прислуживание народу. Прислуживание народу в целом не такое плохое наказание. Но служение становится злом, когда вы принимаете и попадаете под влияние обычаев идолопоклонства, созданных людьми.

Если вы обращаете материальные вещи в божество, вы начинаете пророчествовать вещам, пророчествовать ради вещей и о вещах. Помните, что второй вид священников обслуживал храмовую утварь, и впоследствии это стало их основной задачей. Вот так служение храмовой утвари может стать наказанием. Нужно быть осторожным, потому что это влияет на вашу способность пророчествовать. Например, вы пророчествуете кому-то о новом автомобиле – это нормально, потому что человеку действительно может понадобиться новая машина. Однако то, о чём вы пророчествуете, может стать проблемой тогда, когда вы поглощены материальными вещами, и всё крутится только вокруг этих потребностей. Позвольте мне дать дополнительное пояснение. К примеру, вы начинаете пророчествовать о политике и властях. Многие современные пророки ошиблись в своих политических пророчествах, потому что их сердца и священнодействие не фокусировались на Царстве, но на материальных возможностях власти, восхвалении тех, кто сейчас находится у власти. Называя себя пророками, они говорили то, что эти люди хотели услышать. И поймите, Бог не станет устранять служителей подобных им. Писание говорит, что и они будут служить в Его святилище, однако служить не Богу. Возможно, у них могут быть тысячи или даже миллионы последователей, внимающие им, но всё их служение и пророчества будут направлены на удовлетворение эмоциональных настроений человека, на его изменчивый нрав, на желания и жажду вкусить что-то «мясное». Даже у сильных пророков, как мы видим сегодня, пророчества крайне фокусируются на власти – так, что они становятся слепы к тому, чтобы различить по какой причине Бог удаляет кого-то или что-то на определенный период.

Слишком много пророков лжепророчествовали на политической арене, но это не было преднамеренной ложью. Ложь коренилась в непонимании собственного статуса священника, и, как следствие, их пророческое видение транслировалось в искаженном свете. И Бог все ещё даёт таким лидерам возможность служить. Кого-то из них Бог уберёт, но не всех. Он позволит многим из них продолжить служение людям, потому что это неудобоносимое бремя – их наказание – по крайней мере, на текущий период. Им придётся продолжить служить тем людям, которых они сломили своим пророчеством, разбираясь с осколками, которые оставило их так называемое пророчество, когда они не слышали, что говорил Бог. Многие люди были разбиты пророками, ставшими священниками не для Бога, а для людей и вещей, что в конечном итоге всегда приводит к ударам подобного рода. К сожалению, после этого некоторые люди отказываются верить пророчествам. И всё же даже после таких историй служители всё равно продолжат священнодействовать, но их служение будет и их наказанием из-за огромного количества людей, сокрушенных в своё время этими пророчествами, потому что они не исходили непосредственно от Бога. Конечно, такие священники не попадут в ад, но непременно пройдут путь наказания.

Еще одна группа будет служить материальным вещам. Служение вещам опасно тем, что они могут мстить. А вообще материальные вещи помогают нам осуществлять наши дела, но Царство заключается не в них, а в людях. Разве только в людях? Или и в Боге? Часто слышишь подобного рода комментарии. На самом деле Царство – в людях, но только при условии, что в конечном итоге они служат Богу.

Третьим видом священников были сыновья Садока, которые заменили семейную линию Илии. Несмотря на то, что всё их окружение было сосредоточено на еде и наполнении желудка, они не блуждали вслед идолов вместе с народом, и не сделали божеством свои животы. И мы должны быть осторожны, чтобы не поступать как идолопоклонники. Вот что стало первым событием в жизни сыновей Садока. Они как священники принесли Божье послание напрямую к народу. Всё их внимание было сосредоточено на служении Богу. Как сказано о сыновьях Садока в отрывке из 1 Царств, что они будут приближаться к Нему, чтобы служить Ему в Его святилище. Может показаться, что сыновья Садока пренебрегают потребностями людей, но это не так. Может показаться, что, служа непосредственно Богу, они игнорируют финансовые и другие нужды людей, но и это не так. Служа только Богу и Ему Единому, сыновья Садока создавали своего рода световое излучение, позволяя ему распространяться по всей Вселенной. Они сосредотачивались только на Боге, который и есть Свет, который и есть Сын, и который обитал внутри них.

Чтобы пророчествовать эффективно, каждый из нас должен понять, как воплотить в себе принцип Первосвященника. Только сосредоточенность Первосвященника на Боге, а не специальная одежда распространяет его святость. Одежда лишь временно использовалась для служения в небесной сфере, а после снова возвращалась в материальный мир. Однако Бог повелел, чтобы облачение для служения Богу и облачение, в котором священник выходит к народу, отличались.

А вот так мыслит священник, похожий на шоумена: «Посмотрите на меня! У меня есть отношения с Богом! Посмотрите на меня! Только гляньте!»

Нет, так нельзя! В данной роли и в такой момент нельзя говорить: «Посмотрите, как я могу!»

После того, как Первосвященник выполнил все церемонии в служении, сущность Бога вливалась в него и в его священнодействие, и побуждала смиренно сокрыть это состояние в себе. А затем он должен был выйти и выпустить Божественную сущность в народ. Меня всегда удивляло, почему Бог сказал, чтобы Первосвященник перед выходом к народу снял с себя льняные одежды и оставил их в храме, чтобы Его святостью не служить народу. Раньше это шокировало меня. Я думал: «Почему нельзя? Разве Бог не хочет, чтобы люди познали Его святость?» Но Бог вовсе не это имел в виду, людям не запрещалось быть святыми. Он имел в виду, что Первосвященник не должен служить святостью свысока, высокомерно. Наоборот, он должен был воплотить святость в своём существе естественным образом, когда выходит к народу. Закон о Первосвященстве очень сложен и твёрд, и он гласит, что, когда Первосвященник входит в Святое Святых и выходит оттуда, он служит непосредственно Богу, принося жертву умилостивления за народ.

Рассмотрим статус Первосвященника. Нам надо понять суть того, что он делает. Готовил ли Бог в самом начале Аарона к Первосвященству? Аарон был тем, кто поднимал жезл Моисея, чтобы свершились египетские казни. Тем не менее, тот же Аарон был первым, когда народ согрешил против Бога.

На другой день всё общество сынов Израилевых возроптало на Моисея и Аарона и говорило: вы умертвили народ Господень. И когда собралось общество против Моисея и Аарона, они обратились к скинии собрания, и вот, облако покрыло её, и явилась слава Господня.

И пришёл Моисей и Аарон к скинии собрания, и сказал Господь Моисею, говоря: отсторонитесь от общества сего, и Я погублю их во мгновение. Но они пали на лица свои. И сказал Моисей Аарону: возьми кадильницу, и положи в неё огня с жертвенника, и всыпь курения, и неси скорее к обществу, и заступи их, ибо вышел гнев от Господа, и началось поражение. И взял Аарон, как сказал Моисей, и побежал в среду общества, и вот, уже началось поражение в народе.

И он положил курения и заступил (англ. «принес жертву умилостивления за» - прим. пер.) народ; стал он между мёртвыми и живыми, и поражение прекратилось. (Числа 16:41-48)

Бог через Моисея сказал Аарону: «Иди и встань между живыми и мертвыми». Моисей не сделал этого сам, потому что на тот момент был Первосвященником. Это должен был сделать Аарон, и когда люди умирали от поражения, он вошёл в их среду и встал между живыми и мёртвыми, чтобы поражение прекратилось.

Во-первых, священник должен быть посредником между людьми и Богом. Он должен быть тем, кто стоит между смертью и жизнью, и не даёт смерти пройти к людям. На сегодняшний момент мы всё ещё не стоим между живыми и мертвыми, и пока всё, что у нас получается как у священников, это вступать в заговоры. Может ли быть причина, вызывающая смерть, больше самого человека? Разве так важно, откуда исходит поражение, от человеческих рук или нет? Нет. Это не имеет значения для священника, потому что у священника нет задачи выяснить, кто вызвал смерть. Аарон не должен был идти и выяснять, кто вызвал поражение среди израильтян. Аарон стоял между живыми и мертвыми, потому что его работа заключалась в том, чтобы остановить смерть. Именно эта неспособность встать между живыми и мертвыми влияет на то, как вы пророчествуете. Вместо того чтобы стоять между жизнью и смертью и останавливать смерть, вы становитесь пророком смерти и разрушения, и начинаете говорить о том, как будут уничтожены народы. Честно говоря, такое пророчество не ведёт к жизни. Единственный способ, которым священник пророчески действует по отношению к жизни – это стоять между живыми и мертвыми. У вас нет выбора, если вы сын, царь или священник, вы должны стать тем, кто встанет между жизнью и смертью ради людей. Нам стало невдомёк, как это сделать. Когда Аарон стоял на том месте, он не делал различия между одним и другим израильтянином. Он не говорил: «Пусть умрут только нечестивые». Священник должен был стоять в центре поражения, чтобы смерть не распространилась на людей, которые ещё живы.

Следующее, что сделал Аарон, он использовал молитвенную кадильницу, которую принёс с собой, чтобы остановить второе поражение. Молитва священника предназначена для того, чтобы остановить дух смерти и произвести жизнь. Она должна быть молитвой исцеления. Когда вы истинно священнодействуете, как Садок или Мелхиседек, вы сможете открывать врата действий Божьих во всех измерениях. Вы понимаете, что не Аарон разверз землю, которая проглотила семью Корея? Это был Бог. Когда Израиль восстал на Моисея и Аарона, Бог повелел им отойти от этого собрания, чтобы полностью истребить народ. Тогда Моисей призвал Аарона выполнить священнодействие. Он сказал ему, чтобы тот взял свою молитвенную кадильницу и побежал в стан к народу, потому что Моисей знал, что гнев Божий движется туда. Итак, Аарон взял кадильницу, встал посреди стана, и Бог умилосердился.

Мы много говорим о том, что сделал именно Моисей, прося Бога остановиться, чтобы не уничтожить Израиль, но мы забываем, каким образом священнодействие было реализовано. Аарон взял свою кадильницу, встал между людьми, и гнев Божий остановился. И только потому, что там стоял Первосвященник Божий, который не произнёс ни слова, не пророчествовал народу, а просто стоял, священнодействие Аарона явило себя, поменяв реальность и рассеяв Божий гнев.

Первосвященник создаёт возможность искупления как грехов народа в целом, так и отдельного человека. Первосвященник приносил жертву для удаления грехов. Это означает, что задача Первосвященника состоит в том, чтобы очистить людей от их глупости и безрассудства. Священник же это тот, кто производит очищение, его пророчество всегда побуждается жизнью. Разве это случайность, что последнее пророчество Иезекииля заключалось в том, чтобы ожили высохшие кости? Разве это ошибка, что последнее пророчество Иеремии было о восстановлении Израиля? Разве это совпадение, что последнее пророчество Исаии было об объединении всего мира на горах Сиона? Когда мы не выполняем нашу функцию священнодействия, наше пророчество искажается. Мы пророчествуем в основном, отталкиваясь от собственного негодования, и никак не можем остановиться, тогда как задача священника – привести к балансу любую ситуацию. Если мы будем правильно действовать в нынешних условиях и верно понимать свою задачу, мы сможем заново гармонизировать разрушенный мир, воссоединить разделённые семьи, привести в баланс небеса и землю, да и само творение. Наше пророчество как священников сможет оказать правильное влияние, когда мы начнём слышать Бога прямо и правдиво.

Крах пророчеств в современном мире вызван нашей неспособностью понять свою священническую задачу. Если пророчества священника оказываются ложными, то наказанием ему будет служение людям, которых он сломил этими пророчествами – это задача не из легких, но Бог поможет и в данном случае. И, конечно, это постыдно, при всём том, многие так и продолжают произносить ложные пророчества и продолжают говорить даже после того, как Бог уже замолчал.

Я знал, что такое произойдёт, и всегда говорил об этом, чтобы предупредить и подготовить вас. Однако вы сами отказались быть готовыми, потому что отказались быть священниками. Каждый хочет быть пророком, но никто не хочет быть истинным священником. Священство сыновей Садока или сыновей Мелхиседека измеряется жизнью Иисуса Христа, который встал между небом и адом, чтобы вы смогли найти путь к сердцу Бога. И всё же, вы до сих пор стоите на своём, и продолжаете пророчествовать в основном из позиции ненависти.

Позвольте кое-что объяснить. Многие, кто пророчествует об Америке из этой позиции, по сути не являются священниками. Вы узнаете настоящую цену вашему священству, когда поймёте на чём оно основано: на вашей популярности, на том, сколько людей следует за вами, или как вы способны убедить миллион человек за одну проповедь, что Калифорния скоро исчезнет в пучине океана. Если ваша точка зрения действительно такова, то цена вашего священства – отсутствие священнического фундамента, потому что священник - это тот, кто гармонизирует Вселенную, как я уже говорил ранее. Вот что на самом деле должен делать священник - он открывает временные порталы, а затем снова закрывает их. Он приносит жертвы, чтобы открылись врата милосердия и сострадания, и делает доступным вход к жертвам, совершённым до сотворения мира и на

Голгофе.

Конечно, он может открыть и врата суда, но его главнейшая задача – встать между живыми и мёртвыми и своим присутствием остановить поражение. Это и есть пророчество, производящее жизнь. Разве не священник объявлял, что человек исцелился от проказы? Разве не священник осматривал больного, чтобы убедиться, что болезнь прошла? Больному приходилось идти к священнику, который прикасался к нему и приносил исцеление. Разве не священник приносил жертву всякий раз, когда народ сбивался с пути? Даже Илия, чтобы получить подтверждение, что он пророк Израиля, должен был вернуться к священнодействию, чтобы победить пророков Вааловых (3 Царств 18). Он принёс жертву, как и положено священникам, и сделал это, чтобы заставить Израиль вернуться к Богу. Всё это записано в Писании. Мы не пренебрегаем пророчеством, но нам нужно знать, что пророчество может быть ошибочным. Иногда оно основывается на эмоциях, на собственном опыте и опыте других людей, особенно тогда, когда в служении пророчествующего нет фокусировки непосредственно на Бога. Поэтому сосредоточьтесь на служении именно Богу, и тогда ваши пророчества естественно станут служить Ему, а не только людям. Если же вы служите только людям, то, скорее всего, они будут основаны на человеческой эмоциональной нестабильности. Если вы служите вещам, то есть вероятность, что ваше пророчество будет черпаться из систем или иллюзий. Именно поэтому необходимо сконцентрировать свой ум на Боге и служении непосредственно Ему. Он должен стать источником вашего пророчества. И всё же большинство пророчествующих, закрыв глаза, слышат что-то в своей голове и называют именно это пророчеством. Однако настоящее пророчество проистекает из исполнения священнических обязанностей, в основании которых лежит служение только Богу. Вот в какой период времени нам выпало жить!

Так как же священник открывает миры Вселенной? Когда Бог создавал мир, тогда же возникла необходимость отдать жизнь Божьего Сына. Агнец был принесён в жертву, потому что только Его жизненная сила или «кровь-свет» могли сформировать Вселенную. Итак, что же сделал Бог, и как понять писания об Агнце Божьем, который был заклан до основания мира – до того, как мир был сотворён? Это означает, что между явлением творения и мыслью

Бога было то, что можно назвать «временное решение», когда Сын стал Агнцем. В данном случае это метафора. У нас нет правильных слов для описания этого явления, потому что на Небесах нет смерти. То о чём мы говорим, было явлением света как возможности жизни, поэтому Агнец Божий, который был Сыном Божьим, отдал Свою жизнь прежде создания мира. В Писании используется слово «закланный». Попросту это значит, что Он стал в некотором смысле бездейственным, чтобы могло быть выпущено действенное начало изнутри Него. Для этого Его заклание должен был совершить священник.

Когда-то в прошлом я учил, что Отец совершил это действие над Сыном Сам, однако Дух обличил меня. Он сказал: «Ты неправильно истолковываешь Писание, Адония». И я спросил: «Почему?» «Потому, что Отец никогда не поднимет руки своей и не убьет Своего Сына. Ты знаешь, что я сделал, когда Авраам хотел принести в жертву Исаака? Я остановил его, потому что отцу не позволено приносить в жертву ребенка», – сказал Дух. Затем Он научил меня, что именно Мелхиседек – священник будущего, являвший собой всё человечество, совершил акт высвобождения света и жизни Агнца, которые произвели творение. Несмотря на то, что Бог создал мир, и мир уже существовал, священник Мелхиседек, то есть я и вы, всё человечество, отправились туда как единый человек, потому что в будущем Агнец станет нашим телом. Итак, все мы от начала были теми, кто совершил священнодействие и участвовал в заклании Агнца, который нес слово Божье во свете, чтобы выпустить его в то, что сейчас известно как творение.

Этот Агнец прежде всякого творения стал первичным основанием, с которого мысль Бога проявила себя в материи. Другими словами всё, что мы видим в творении, было высвобождено в тот момент, когда через священнодействие всего человечества, Сын Божий отдал Свою жизнь. Совершив служение, мы выпустили то, что нам было необходимо для будущего. И сегодня происходит то же самое. Священнодействие открывает двери будущего для всего необходимого нам. Однако когда мы отказываемся выполнять служение священника, и вместо этого выступаем в качестве жалобщиков, наша сила теряет преобразующую функцию, и мы буквально закрываем дверь в другие миры для всего того, что должно было прийти к нам для нашего собственного благополучия. Если бы не произошло грехопадение, высвобождение жизни Сына Божьего продолжалось бы естественным образом для всего творения (без участия смерти), и это была бы жизнь, постоянно ведущая к жизни.

Позвольте мне привести пример того, о чём я говорю в реальности нашей действительности. Как была создана Ева? Ева не была создана через смерть Адама. Бог усыпил Адама, открыл ему бок и взял искру жизни из его тела, чтобы создать женщину как существо, дающее жизнь творению. Интересно, что при создании мира человек служил священником для сотворения человечества. Тем не менее, в процессе творения Евы, которая стала первоначальным временным лоном творения, священником послужил Сам Бог. Он служил священником к жизни, а не к смерти. После священнодействия Бога появилась персона, названная женщиной. Она стала воплощением плодородия и лоном творения. Это обеспечило возможность постоянного обновления творения семенем, вложенным в это лоно. Итак, когда Иисус пришёл в этот мир, именно человечество стояло над Ним в момент смерти, принося в жертву Его жизнь. Мы говорим, что Он умер, и это правда, но умирая, из Своей жизни Он выпустил другую жизнь. Это была уже Его жизнь.

Понимаете, в чём дело? Человечество, думая, что убивает Иисуса, на самом деле высвобождало иную жизнь – Его жизнь, которая стала и нашей жизнью. Иудеи не убивали Христа! Человечество убило Христа! Потому что иудеи и язычники вместе присутствовали на суде. И у креста, и в саду, и на месте воскресения Иисуса тоже были иудеи и язычники. Само человечество послужило священником, который высвободил эту жизнь в жизнь, жизнь из жизни, жизнь через жизнь и жизнь для жизни. Это сделали мы с вами. И теперь, когда мы стали сынами Божьими, мы должны постоянно практиковать искусство священнодействия.

Вспомните, почему священники уклонялись от своей функции и кадили идолам – потому что служили людям в их безрассудстве. Они присоединились к народу и пророчествовали им, чтобы те могли получить то, в чём нуждалось их чрево. Идолопоклонство приходит от священников. Изначально поставленные Богом, они отворачиваются от служения Ему, и вместо этого служат людям. Идол в конечном итоге – результат безрассудства священника, служащего народу. Вот в чём истинный источник идолопоклонства. Господи, помоги нам научиться служить только Тебе, чтобы нам не быть инструментами создания ещё большего количества идолов в этом мире! Помните первую заповедь: «Да не будет у тебя другого бога пред лицом Моим».

Если у вас есть идол, будь то даже идолизированная потребность, это не может быть служением Богу, потому что теперь потребность становится идолом. Она занимает весь ваш ум и становится препятствием между вами и Богом. Такое может происходить и постоянно происходит с нами, поэтому мы должны направлять всё своё сознание на прямое священнодействие Богу. Если этого не делать, то мы так и будем пророчествовать так, как пророчествовали последние пять лет. А потом это пророчество начнёт кусать нас за пресловутую «пятую точку».

Какая существует альтернатива? Мы должны знать, кто мы такие на самом деле. Священник должен занять свою позицию, чтобы создать возможность изменения, так как задача и функция священника – преобразование. Что это значит? Когда священник служит непосредственно Богу, он может сподвигнуть или обратить любого человека в сторону осознания Бога. Есть обратная сторона этой же функции – священник может склонить человека в сторону идола. Несмотря на мою критику и мои пророчества, когда Трамп был у власти, я молился за него каждый день. Бог заговорил со мной и сказал, что он не выиграет следующие выборы 2020 года, я колебался, но не отказался говорить об этом. Я помню, как сказал другу, что даже если восстанет ад до небес, Трампу не выиграть. Не выполняя функцию священника, вы занимаетесь бессмыслицей – это нужно прекратить!

Ваше священнодействие теперь должно нести исцеление и преображение сломленным людям, трансформируя их неправедные обстоятельства в праведные. Но если ваш разум погружен в материальное, у вас этого не получится, поскольку это означает, что вы перестали выполнять Божье призвание. Вы позволили временным преходящим обстоятельствам управлять вашим священнодействием.

И вот ваш шанс стать священником. Если вы говорите, что хотите помогать людям – тогда будьте священником. Каждого человека можно обратить, каждый несёт в себе потенциал праведности и может измениться. Это не значит, что каждый скажет «да», потому что у человека есть ещё и данная Богом свобода выбора. А мы тем временем научимся быть священниками и пророчествовать из правильного источника. Научимся быть истинными царями по образу Царства Божьего, чтобы наше пророчество исходило из одного единственного источника. Мы научимся быть сыновьями и, пророчествуя, говорить от сердца Бога. Тогда мы не будем спекулировать на темы, услышанные нашим умом, который делит всё на нравственное и безнравственное, на то, что ему нравится и что не нравится. Мы не имеем права делать так! Несмотря на крах пророчества в этом периоде, мы всё ещё те, кого ищет Бог. И именно мы всё ещё можем научиться своим функциям в роли священника. Пока мы не научимся этому, Бог сам продолжит учить нас и служить нам. Мы должны всецело понять наше священнодействие. Бывают случаи, когда из-за нашего поведения или действия мы вынуждены служить материальным вещам и людям. Я не знаю, как долго продлится этот период, возможно, потребуется много времени, чтобы исцелить народ Божий от того, что с ним случилось. Тем не менее, я молюсь, чтобы Бог ускорил исцеление, чтобы на земле мы могли выполнять работу, которую должны выполнять, и пророчествовать с позиции истинного служения Богу. Мы способны встать между живыми и мертвыми. Мы способны передать святость народу, когда сами смиренны среди людей.

АКТИВАЦИЯ ВО ВРЕМЯ ПРИЧАСТИЯ:

Давайте совершим причастие. Мы хотим принять это причастие для укрепления наших сил, сил священников, преображающих творение.

В поисковой строке браузера введите следующий адрес, чтобы принять участие в причастии с доктором Обоннайей и укрепиться в вашем священнодействии:

https://www.aactev8.com/course?courseid=aactev8-media-archives

Затем выберите Главу 1 «Причастие». Вам нужно будет создать/войти в свою бесплатную учётную запись вебсайта Aactev8.

Текст служения причастия

Возьмите хлеб.

Со всеми ангелами и архангелами, со всеми Офанимами и Эрелимами, со всеми Хашмалами и Серафимами, со всеми Малахимами, со всеми Хашашимами и Беней Элохимами, со всеми сильными, Ишимами, Отец, и Пананимами, со всеми Шонанимами, со всеми Херувимами, со всем творением, со всеми деревьями полевыми и горами, морями и океанами, мы воздаём славу Всевышнему Богу. Мы возносим славу Всевышнему Богу. Мы возносим славу Всевышнему Богу. Мы возносим. Мы возносим. Этот хлеб становится для нас телом Йешуа, телом Мессии, очищающим телом, членами которого мы становимся. Всё тело творения будет исцелено. Все тело! О, тело, тело, тело, тело, тело. Всё, что есть в творении, будет исцелено. Всё будут исцелены. Творение будет исцелено. Творение будет исцелено. Творение будет исцелено. И человечество оживёт, чтобы познать Бога, Который сотворил человечество через Иисуса Христа, нашего Господа. Мы молимся об исцелении земли. Мы молимся об исцелении мира.

Тело Христово было ломимо за нас. (Ест хлеб)

Возьмите чашу. И Он сказал: «Сиё есть Тело Моё, ломимое за вас и отданное за вас». Затем Он поднял чашу и возблагодарил. Благословен Ты, Господь Бог, Царь Вселенной. Теперь же снова со всем творением преобразуй эту жидкость в кровь Иисуса, свет Его жизни, чтобы она стала вливанием в нас всего Его существа. Мы говорим. Мы произносим имя – Йод Хей Шин Вав Хей, Йод Хей Вав Хей, Эхие Ашер Эхие. Мы произносим имя – Эль Хаи Шаддай. Мы произносим имя – Эль Элион. Мы произносим имя. Мы произносим имя. Мы произносим имя. Мы произносим имя.

Мы говорим имя – Цеваот Элохим Леолам Ха Кадош.

Мы произносим имя. Мы произносим имя – Адонай Мелех Элохим Наама.

Ты – наш Бог. Ты – наш Отец. Ты – наш Царь. Мы поднимаем эту чашу, чашу спасения. Я подниму чашу спасения в собрании праведников. Со всеми ангелами и архангелами мы прославляем Господа. Пусть содержимое станет для нас источником жизненной силы Божьей, которую мы принимаем от жизни Бога, светом Его бытия. Мы становимся жизнью, светом и Его любовью, явленной на земле. Господи Иисусе Христе, Ты сказал, что каждый раз, когда мы пьём эту чашу, мы претерпеваем Твою смерть, пока Ты не придешь. Отец, Ты уже победил смерть. Ты уже победил немощи. Ты всё это уже победил. Мы присоединяемся к Твоим завоеваниям. Мы принимаем их, Отец. Ты уже принёс спасение. Ты принёс искупление. Ты принёс примирение. Ты принёс очищение. Мы входим в Твои завоевания, принимая это причастие. Отец, мы помним, кто Ты. Мы помним голос Твоей крови, частоту этой крови, звук этой крови. Отец, ты песнь мира, которую приносит кровь. Мы воздаем славу. Возносим хвалу. Мы воздаем честь. Благословенно имя Твоё.

Кровь Иисуса Христа пролилась за нас. (Пьет чашу.) Аминь.

Да благословит тебя Господь, и сохранит тебя. Да призрит на тебя Господь светлым лицом Своим и помилует тебя. Господь дает вам шалом во имя, которое выше всех имен, Иешуа Ха-Машиах. Благословенно имя Твое, Господи. Благословение Господне на вас и на вашей семье. Пусть вы увидите открытие врат и явление новых вещей, новых изобретений, новых структур, исходящих непосредственно от Господа, служа Богу Неба и Земли. Когда будете служить непосредственно Ему, пусть Его внутреннее существо вливается в вас. Пусть вы обернётесь и благословите творение и окружающих вас людей. Во имя Иешуа Ха-Машиаха. Аминь.

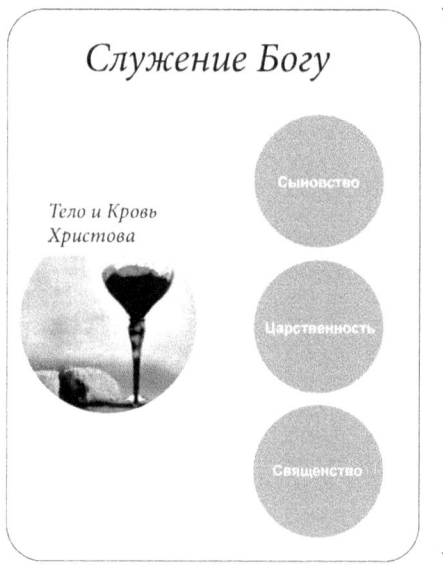

Служение Богу

Тело и Кровь
Христова

Сыновство

Царственность

Священство

*Истинное
Пророчество*

Ложное
Пророчество

2

ФУНКЦИЯ СВЯЩЕННИКА ВО ВСЕЛЕНСКОМ ПОРЯДКЕ

Когда священник приступает к поклонению, ангелы замолкают, потому что священник действует как посланник самого Бога.

Петр говорит, что мы – царственное священство (1 Петра 2:9). Когда Израиль вышел из Египта и прошёл полпути, Моисей сказал этому народу, что они будут царством священников у Бога, и что им запрещено наносить на себя метки или порезы, так как они священники (Исход 19). В книге Откровение есть ещё один превосходный отрывок, в котором говорится о смерти Мессии и даровании нам, верующим, Его жизни, свершившейся через пролитие Его крови и самопожертвование. Как я уже говорил, при слове «кровь» люди испытывают неудобство. Как-будто бы человечество уже избавилось от крови. Как-будто Бог, творя, не пользовался кровью. Как-будто кровь на самом деле не имеет такого же значения, как свет. Конечно, мы не собираемся никого убивать, но нам нужно выяснить, почему же древние были так сильно убеждены, что в крови есть сила. Что-то такое особенное есть в крови. Сможем ли мы получить доступ к тому, что заложено в нашей крови, не нанося себе физических порезов? Сможем ли мы преобразовать кровь в свет, который она несёт – вот настоящие вопросы. Я верю, что когда человечество научится применять свойство крови, как света, помещённого теперь в кровеносную систему Самим Богом и предназначенного для испускания, – тогда мир изменится. Я считаю, что кровь – это световой механизм, который может оказывать влияние на всё творение.

В Откровении 1:5-6 говорится: «и от Иисуса Христа, ... омывшего нас от грехов наших Кровию Своею, и соделавшего нас царями и священниками Богу и Отцу Своему...» Это очень важное заявление! Священство – основа настоящего пророчества. Когда направление или побуждение пророчества лишено этого основания, пророк, как правило, «сходит с рельсов» и в результате своих действий подпадает под влияние иллюзий и самообмана. Неспроста именно священство должно быть основой пророчества.

Возможно, вы заметили, что в Писании рассказывается о том, как Моисей прошёл обучение у священника. Помните Иофора? Он был священником! Причина, по которой Моисей достиг невероятных высот в пророчестве, заключается в том, что он никогда не пренебрегал принципами и процессами пророчествования. Они строились на фундаменте, который в своё время был заложен в обучении у священника, для которого пророчество в отрыве от священничества не существовало, как явление. Иофор научил Моисея действовать, не опираясь на эмоции, и когда тот находился под их влиянием, поправлял его: «Нехорошо это ты делаешь» (Исход 18:17). Моисей хотел превратить священство в «посиделки» – общение с людьми с утра до вечера, однако Иофор, предвидя, снова предупреждал: «Ты измучаешь себя». Священник должен знать, как служить людям, но при этом оставаться на некоторой дистанции не в смысле отдаления от людей, а скорее тем самым сохраняя определенный уровень объективности.

Давайте посмотрим на пример Моисея ещё раз. Однажды Моисей разволновался и начал говорить, черпая из источника своих эмоций (Числа 20:10-11), что в итоге стоило ему входа в Обетованную землю. Всякий раз, когда священник оставляет свой священнический взгляд на происходящее и пророчествует с эмоциональной точки зрения, он упускает грядущие события. Итак, давайте выясним, что же нам, несущим роль священника в данный период, нужно делать?

С тех пор, как я озвучивал эту тему в моих учениях в прошлый раз, Дух привёл меня к пересмотру идеи трёх видов священства. Тогда я решил отправиться в небесные миры, чтобы удостовериться, что моё толкование верно, и подтверждает то, что я увидел. Я хотел также убедиться, что не упустил сути. И там на Небесах я не слышал, чтобы кто-нибудь пророчествовал. Но самое интересное, что я обнаружил там – каждый верующий на небесах выполняет священнические обязанности – все до единого! Всё, что они изрекали, звучало как слова из уст царей и священников. Это меня шокировало больше всего! Помните, что Библия увещевает нас не пренебрегать пророчествами:

Пророчества не уничижайте. Всё испытывайте, хорошего держитесь. (1 Фессалоникийцам 5:20-21)

И я не уничижаю пророчество, но подчёркиваю, что мы должны знать, что основная функция верующего на небесах и на земле – быть священником. Я категорически настаиваю на этом, и эта категоричность не связана с моим прошлым. Давайте посмотрим, например, на книгу Откровение. Верующие изображены там как группы священников, имеющих власть и силу в Небесном Царстве. Вся книга Откровения посвящена священническим функциям. Одной из причин многих неуспешных толкований книги является удаление оттуда священнического контекста. Такой подход приводит к спекуляциям на тему «пророческих откровений», что бы под этими словами не подразумевалось.

На самом деле книга Откровение начинается с того, что Иисус Христос являет Себя как священник в Престольном зале – на этом великом месте. Всё в Нём говорит о священнодействии, о его задачах и процессах. Мы наблюдаем, что Христос облачён в полный комплект священнических одежд. Затем видим, что ещё до основания мира Он был возложен и заклан как Агнец во Святом Святых храма, что есть священнический труд. В Откровении снова и снова говорится о Его крови. Все Его действия – это действия царя и священника. Книга повествует, что спасённые люди в Царстве целенаправленно занимаются священническим трудом. Там написано, как они несут ладан – а это является обязанностью священника.

И всё равно мы всегда рассматривали книгу Откровение главным образом как пророчество, а не отсылку к священству. И даже когда мы священнодействуем, то делаем это не как служение Богу, но как служение нуждам людей, нашим собственным нуждам или служение окружающим нас материальным вещам. Если мы хотим быть участниками грядущего движения Бога (которое должно отличаться от того, что привело нас в этот нынешний беспорядок), нужно задать себе вопрос: «Что значит быть царём и служить как царственное священство? Как выглядят царь и священник?»

Когда я получил своё откровение и перешёл в небесные миры, я увидел верующих, служащих священниками, которые несли ладан и кадильницы. И ещё я заметил, что ангелы не молчат, когда говорят пророки, однако они замолкают, когда служит священник. Помните этот отрывок?

И когда Он [Христос, наш Первосвященник] снял седьмую печать, сделалось безмолвие на небе, как бы на полчаса. И я видел семь Ангелов, которые стояли пред Богом; и дано им

семь труб. И пришёл иной Ангел, и стал перед жертвенником, держа золотую кадильницу; и дано было ему

множество фимиама, чтобы он с молитвами всех святых возложил его на золотой жертвенник, который перед престолом. И вознёсся дым фимиама с молитвами святых от руки Ангела пред Бога. (Откровение 8:1-4) [Добавлен комментарий]

Когда священники поклоняются, ангелы замолкают, потому что священники действуют как посланники Самого Бога. Другими словами, они становятся сутью Бога, возвращая служение Богу. Священник – это сын, несущий в себе сущность Божества. Итак, когда Аарон входил в скинию для служения, все должны были затихнуть. Считается, что когда Израиль выполнял свою священническую функцию на земле, ангелы на Небесах замирали, потому что сыны несли своё священническое служение перед Богом. И это очень мощно. Такое служение Богу высвобождает истинную пророческую силу Святого Духа в творение, если это необходимо. И помните, что прямое пророческое действие на земле всегда приходит в ответ на священническую деятельность, которая достигла и прикоснулась к Небесному жертвеннику, высвобождая то, что было нужно человечеству на земле. И это не происходит на земле, из одной точки в другую, но приходит с Небес на Землю.

Итак, теперь понятно, что священство имеет глубокую связь со вселенским порядком вещей. Если оно не временное, а небесное и вечное, то, конечно, как-то связано с этим порядком. Это означает, что священство влияет на то, как упорядочена Вселенная. На самом деле священник, действующий верно, фактически активирует ту область Вселенной, где может проявиться сила Божья.

Позвольте мне объяснить более подробно. В начале или перед началом творения мира мы узнаем из Библии, что Иисус Христос – закланный до сотворения мира Агнец Божий (Откровение 13:8). Таким образом, для принесения жертвы до основания мира нужен был священник, которым и стал Мелхиседек. Он представлял всё человечество, хотя само человечество ещё не было сотворено, но оно уже было в уме Бога, который до сотворения перенёс его в то самое время. Бог позволил Мелхиседеку как представителю всего человечества совершить функцию «высвободителя» жизни первоначального Агнца Божьего, необходимость которой была в том, чтобы из Его жизни и Его света (Иисус есть свет) сформировалась и явилась Вселенная. Если вы – священник, то это значит, что у вас есть способность высвобождать свет и жизнь в творение, чтобы создавать миры, это и есть вселенское измерение вашего священства. Если вы будете смотреть под этим углом, то поймёте, почему фундаментом создания миров служит не пророчество, а именно священство. Более того, пророчество в творении появляется после священства. Священство же исходит из сыновства и царственности. В Божьей системе координат никто не может быть священником, не будучи сыном. Также никто не сможет стать священником, не имея генетической взаимосвязи с Богом и не являясь царём, вот почему сыновство и царственность жизненно важны для нашего священства.

Сыновство, царственность и священство не исчезнут, когда вы покинете эту землю или когда творение проявит себя. На самом деле этот статус только усилится, потому что именно комбинация сыновства и царственности приводит к священству, которое и делает вас создателями мира или скорее теми, кто высвобождает целые миры. Даже для того, чтобы Агнец Божий был заклан и через Его жертву мог быть создан мир, потребовался священник. Этим священником стал Мелхиседек. Чин Мелхиседека, как вы, возможно, заметили – это чин человечества. Вот почему Христос должен был стать частью нашего человеческого священства – и это очень важный момент, потому что Мелхиседек был нами (или тем, кем мы были) ещё до сотворения мира. Как мы прочитали выше, Отец не может убить Своего Сына. Библия очень чётко говорит на эту тему – отцы не должны прикладывать руку к убийству своих детей (Второзаконие 24, 2 Царств 14). Если вам сложно с этим согласиться, позвольте мне объяснить. Иисус умер на кресте, но Бог не убивал Его, и Иисус не покончил жизнь самоубийством. Человечество забрало жизнь Христа! Он отдал Свою жизнь добровольно, но человечество занесло над Ним, образно говоря, – нож, гвоздь, меч, или крест и убило Его. Другими словами, мы выступили надзирателями у жертвенника Его смерти. Это неприемлемо для западной культуры, но истина в том, что мы участники смерти Христа на кресте. Хотя Он и отдал Свою жизнь добровольно на земле, и по Собственной воле – прежде сотворения мира, у Него никто не смог бы отнять её, и мы не смогли бы лишить Его жизни, если бы это не было нам позволено.

Почему именно смертью закончилась жизнь Иисуса на земле? Потому, что мы ещё не умели высвобождать жизнь без смерти – и это отличается от того, что мы сделали прежде основания мира, когда по какой-то причине мы ещё не проявились, и не совершили никакого греха, поскольку его ещё не существовало. И только лишь по причине того, что всё было чисто, мы смогли выпустить на свет жизнь. Мы используем слово «заклан», имея в виду смерть Христа, лишь из-за ограничений нашего человеческого языка. Было бы точнее сказать: «Вот Агнец Божий, жизнь которого была высвобождена в мир прежде основания мира».

Поэтому, будучи священниками, мы с позволения Сына и Отца высвободили жизнь Сына в жизнь нашего мира. Именно это имеется в виду в отрывке:

В Нём была жизнь, и жизнь была свет человеков. (Иоанна 1:4)

Священники и вселенский порядок

Осознанное применение воли для:

Преображения

Возрождения

Восстановления ДНК

Адония О. Обоннайя, Ph.D.

Итак, мы высвободили свет и жизнь в Сыне. Поскольку смерть вошла в наш мир, Он пришёл на эту сторону творения, чтобы высвободить жизнь с помощью смерти, а не с помощью жизни. Я думаю, что наше священническое и сыновнее призвание - в том, чтобы найти, познать и обрести эту способность высвобождать жизнь из жизни, победив, наконец, проблему жизни через смерть. Мы призваны действовать подобно тому, как это происходило до сотворения мира, а именно – высвобождать не только жизнь из жизни, но свет из света, славу из славы. Такая наша священническая способность была во вселенском порядке уже до сотворения мира. Вот почему в предыдущей главе я постоянно говорил о том, что пророчества прекратятся.

На небесах я общался с Иезекиилем. Наш диалог я как-то пробовал изложить в форме видеоролика. Иезекииль не пророчествует на небесах. Его пророчество касается только земли. И тогда меня осенило: все эти великие пророки были сначала священниками. А вы обратили на это внимание? Моисей был левитом, а левиты священники по рождению. Также и все фараоны считались первосвященниками египетской религии, Моисей же вырос в доме фараона. Впоследствии он был обучен священником. Если мы не принимаем наш священнический статус серьезно, мы крупно ошибаемся. Наше священство играет такую невероятную роль, что каждый раз, когда мы действуем в роли священника на земле, Небеса замирают и прислушиваются к нам. Ангелы замолкают. Мы много говорим о священстве всех верующих, но мы почему-то трактуем его, как попытки предсказать будущее и спрогнозировать какие-то события. Но реальность иная: в роли священника вы можете на самом деле открывать целые миры и направлять течение событий, а не просто предсказывать их.

Священник - это тот, кто с помощью преднамеренного действия воли может преобразовывать и трансформировать всё, что его окружает. Применяя целенаправленное воздействие, как бы оно ни называлось, ритуал или что-то ещё, священник меняет атмосферу. Поскольку человечество – единственное сообщество на земле, которое по своей воле может менять собственное устройство, вход в истинное священство начинается с личного преображения. Итак, если с одной стороны есть вселенский порядок, то есть и другая сторона – личный порядок. Священство - это данная Богом человечеству способность преобразовывать себя по своей воле. Всё во Вселенной имеет заложенное Богом устройство, но только человечество – единственное творение, способное изменить себя, свое устройство по собственной воле. Это означает, что ваше священство начинается не с меня; оно начинается с вашей способности к преобразованию себя и вашего образа действий в мире.

В Писании говорится, что каждый священник должен был участвовать в нескольких этапах приношения жертвы для очищения приносимого. Истинный священник обладает способностью устранять «сознание разделения». Другими словами, если священник берёт кровь и окропляет человека или какую-то вещь, то таким образом приносится жертва умилостивления за этого человека. Это означает, что священник способен посредством священнодействия воссоединить разделенное. Его священнодействие производит умилостивление – единение (atonement – at-one-ment: умилостивление – в английском игра слов, прим. пер.).

Неспособность христиан создавать «единение» стала одним из недавних мировых и американских провалов. Почему это произошло? Верующие не выполнили свою задачу священников. Вместо этого они стали голосами тревоги и проблем людей, их страхов, воображения и следования теориям заговора.

Будучи священниками, мы так и не смогли стать центрами примирения. Может, не всегда у нас получится добиться успеха, но когда мы осознаем своё священство, мы можем открыть не только поток нового творения, но и создать реальность «умилостивления-единения». В Писании видно, что всякий раз, когда кто-нибудь совершает грех против Бога, возникает «сознание разъединения». Оно одинаково описано и в христианстве, и в иудаизме, и в других религиях. На самом деле сознание не означает фактическое разъединения, так как оно создается лишь в мыслях человека, а затем начинает оказывать влияние на его способность соотносить себя с «единым». Когда человек приходит к священнику, правильно понимающему свою роль, тот устраняет разъединение и возвращает его в поток Божьего сознания, в котором нет разделения с Ним. Всякий раз, когда священник должным образом не исполняет своё священство, он не может этого сделать.

Всё то разделение, которое сегодня есть в США, своим «сознанием разделения» проповедники лишь усиливают и все время подливают масла в огонь. Им нужно понять, что задача священника состоит в том, чтобы создавать реальность «умилостивления-единения» – это первая и самая главная функция священства, проявленная на земле.

Перед сотворением задачей священства было высвободить жизнь из жизни, жизнь из света и свет из света в лице Сына. Это священство даже близко не представляло собой то, каким мы его видим сегодня. Оно извлекало жизнь и свет, открывая новые измерения, чтобы творение пришло к существовангию, но не из смерти, а из жизни к свету и к славе. Когда мы начнём действовать эффективно и вступим в истинный чин Мелхиседека, мы сможем являть жизнь в творении, не проходя через смерть. Мы ещё не научились этому, но это часть первоначального намерения Бога для священства. Например, одним из первых действий Аарона до того, как он стал Первосвященником, было следующее: он взял кадильницу и встал между живыми и мёртвыми. Он высвободил жизнь, остановив смерть на её путях. Второе, что он сделал после того, как стал Первосвященником – способствовал искуплению греха и сотворению реальности «умилостивления-единения». Он был тем, кто, выполнив всё требуемое, встал между грешником и Богом, чтобы позволить совести грешника очиститься для обретения мира с Богом. Библия рассказывает нам, как некоторые отказывались идти к священнику и держали свой грех внутри. Между тем, у Аарона никогда не было задачи ходить среди людей и говорить им, что они умрут из-за этого. Его главной задачей и, кстати, главной задачей любого священника является примирение грешника с Богом.

Мы должны научиться действовать таким образом, чтобы помочь окружающим нас людям получить искупление греха и «единение» с Богом. Я говорю это очень ясно, потому что искупление – это средство удаления «сознания разделения» между Богом и грешником, чтобы вместо разделения возникло взаимоперетекание сущностей – жизнь без разделения.

И это может сделать только священник. Пророк не может этого сделать! В Писании нет ни одного места, где Иисус Христос упоминается как наш пророк. Пожалуйста, помните, я говорю это не потому, что ненавижу пророчества, я верю в них. Я не пророк и не сын пророка, но утверждаю, что в Писании Иисус Христос намеренно назван нашим священником и Первосвященником. Если бы пророчество было жизненно важным в нашем нынешнем состоянии, мы бы не потерпели такой крах. Нам нужно не столько интуитивное понимание вещей, сколько священство. Наконец, нам необходимо переориентироваться на Писание, перестав винить других в том, как всё сложилось. Священник – это человек, который носит горнило для преобразования в самых различных ситуациях.

Вернемся к Аарону. Израиль грешил многократно и многообразно в течение всего года. Каждый год над Израилем нависал меч, несущий суд. В День Умилостивления Первосвященник входил в Святое Святых и, когда он выходил, все грехи Израиля получали прощение. Фактически единственные слова, которые Первосвященник приносил из Святого Святых – о том, что их грехи прощены. И этот акт вхождения и выхождения, перенастройки жизни Израиля на сегодня является задачей верующих. Скажите мне, какими священниками вы были на фоне всего того хаоса, который творится в этой стране? Вместо того, чтобы удалять грех, продолжаете ли вы усугублять проблемы людей и последовательно создавать одни и те же трудности, постоянно *лже*пророчествуя, *обмано*пророчествуя или *одура*пророчествуя им? Если это так, то вы оставили своё священство и перестали быть очагом умилостивления, преобразующим жизни и ситуации людей, где удаляются их грехи и происходит внутреннее обновление. Продолжая усиливать в человеке тревогу и разочарование, вы не принесёте ему исцеление. Между тем священник должен обладать способностью приносить такое исцеление, которое достигнет глубин высокомерия человеческой души. Он должен нести свет из жизни, создавать реальность «единения» Бога и человека, человека и человека, удаляя сознание разделённости. Несмотря на то, что мы сыновья и дочери Бога, наше священство – это напоминание нам о нашей взаимосвязи со всем человечеством. Мы не можем быть священниками, если не принимаем то, что происходит со всем человечеством, и не носим в себе ту же боль, те же чувства, которые переживают люди. Помните, что каждый Первосвященник выбирается из числа своих братьев, из людей с таким же опытом. Библия рассказывает нам, что Иисус Христос был способен прочувствовать все наши неудачи и всю нашу боль. Он не тот Первосвященник, который стоит вдалеке от нас.

Следующим шагом к исцелению церкви от того, что с ней произошло, будет появление священников, которые займутся исцелением людей от нанесённых психических травм – травм, которые добавились к образовавшемуся разъединению между человеком и человеком, человеком и Богом. Задача священника устранить это разделение, и только с помощью священнического таланта он сможет сделать это, применив его тогда, когда священник погрузится в происходящее с человеком, чтобы преобразовать ситуацию к жизни, миру и в славу Божью.

Крики и вопли о том, что происходит в политике бесполезны, если вы не вернётесь к первоосновам роли священника. Священники работали не только со святыми людьми. Их обязанностью было различать святое и нечистое, и потом нечистое сделать святым, а непосвящённое –священным. В этом и заключался талант и сила священника, главной задачей которого является именно такое преобразование другого человека, людей и мира в целом, в противном случае он потерпит неудачу. А когда священник не выполняет своё прямое назначение, он начинает пророчествовать, полагаясь на собственные симпатии и антипатии. Не забывайте, что Иисус никогда не говорил, что есть хоть один человек, не заслуживающий спасения, но каждый человек должен сделать этот выбор сам. А если ваше пророчество только дифференцирует, определяя одного спасённым, другого достойным уничтожения, то вы упустили суть и перестали верно исполнять роль священника.

Бог выделил в священники целое колено, чтобы всегда было кому действовать в интересах человечества, и не только в данном поколении, но и в последующих. Каждый священник обладает способностью преобразовывать жизнь. Каждый священник обладает способностью восстанавливать разрушенное.

Мы обсудили с вами роль священника в устранении сознания разъединения между людьми и Богом, а также между человеком и другим человеком. Разделения препятствуют нашей способности объективно смотреть на другого человека. В этом контексте священник работает также над преображением мира, в котором живёт человечество, постоянно открывая порталы в Царство Божье.

Касательно принципа восстановления вы должны понимать, что восстановление не происходит от пророческого слова. Оно происходит посредством священнического труда. Если бы не было жертвы и священнодействия, восстановление было бы невозможно. Одни считают, что можно обойтись без священника, другие, что священник нужен, я же ничего не утверждаю, а лишь говорю, что это вы должны быть священником, и вы должны выполнить функции священнодействия.

Можно возразить, что человеку не нужно выполнять все эти пункты, чтобы преобразиться. Серьёзно? И как вы это реализуете на практике? Причина, по которой вы и ваша ситуация не меняется – это невыполнение обязанностей священника. Если же вы выполняете их каждый раз и в любой ситуации, вы, наконец-то, поставите себя в положение окружающих вас людей, и начнёте говорить с ними не для доказательства своей правоты, а чтобы показать возможность преображения.

Даже священник должен принести жертву за себя. Если священник отрицает это, то он не способен преобразить ни людей, ни что-либо ещё. Скорее всего, его действиями управляет сознание разделенности, которое однажды убедит, будто ничего внутри него не мешает ему действовать эффективно. Пока мы не начнем священнодействовать правильным образом, мы так и будем видеть неверно и пророчествовать ложно.

Я продолжаю задаваться вопросом, почему Моисею потребовалось так много лет, чтобы стать священником. Моисей и по сей день самый эффективный известный нам пророк. Тем не менее он 40 лет обучался у священника, чтобы его пророческие изречения могли основываться на реальности вечного священства того самого Бога, которому он будет служить.

Мы с вами говорим, что мы возрождены, но наше возрождение было вызвано не только нашим желанием, но также смертью и воскресением Христа – наивысшим актом священства. Даже когда кто-то ведёт вас ко Христу, вы должны пройти через определенный процесс. И это не пророческий акт, а акт священства, в процессе которого посредством священника выполняется активация вашего собственного священства.

Когда Бог установил институт священства через Аарона и других священников, Он создал постоянную возможность для восстановления информации в ДНК Израиля. Каждый раз, когда священник выполнял свои действия, происходило своего рода «повторное информирование» ДНК народа Божьего или вставка новой информации в его жизнь из другого измерения. Это достигается только священническими действиями, направленными на наполнение ДНК человека информацией другого измерения. Вы замечали в Библии, что, хотя пророки говорили верные пророчества и совершали всевозможные действия, люди почти никогда не изменялись. Задумывались ли вы, почему пророки не могли поменять людей? Бог продолжал посылать пророков, и народ продолжал отвергать их. Однако, как только священник занимал свой пост, народ начинал повиноваться. Как только священник переставал поступать неразумно, отпадала необходимость воздвигать пророка для обличения. Если священник – это тот, кто понимает устройство и действия Божьи, то пророк сообщает о последствиях нарушений заповедей. Священник знает, как обращаться с человеком, когда он не соблюдает заповедь, и через священнодействие возвращает его в исходное положение. И это удивительно!

Я приведу вам другой пример. Помните книгу Ездры? Меня всегда поражало, что люди перескакивают через книгу Ездры прямо к книге Неемии, в которой идет речь о восстановление стен Иерусалима. Однако подлинным восстановлением стало не строительство Иерусалима. Настоящее восстановление произошло, когда священники перестроили мышление народа, перенаправили его и вернули к благочестивому образу жизни. Они восстановили истинное учение, благочестивые ритуалы и действия. Ездра, который был священником, стал основателем нового Израиля, вернувшегося из изгнания. Если вы хотите, чтобы в ваш дом и в вашу семью пришло исцеление, вы должны занять позицию священника, потому что всё хорошее может произойти с вами только в условиях священнодействия. Вы ничего не добьетесь пророческими криками и воплями. Вы должны научиться быть священниками.

Кроме того, священник владеет ключом Метатрона, который может быть настроен только в рамках роли священника. Мы сможем открыть внутри себя природу Метатрона, если будем правильно выполнять обязанности священников. Задействуя Метатронов механизм, мы сможем привлечь любого человека, нацию или группу людей, чтобы перекалибровать, исправить, реконструировать и перенаправить к жизни. Именно Метатронов ключ, сделал Аарона настолько могущественным. В этом мире священник – тот, кто владеет им. Ключ Метатрона содержит в себе 12 слоёв нашей ДНК со всеми именами Божьими, проявленными в ней. Священник фактически владеет ключом к настройке слоёв вашей ДНК. Это позволяет человеку сонастроиться со структурой собственной ДНК. Разве Иисус не сделал то же самое? Став нашим священником, Он дал нам ключ, чтобы мы могли получить доступ к скрытым структурам Божьим в нашей собственной ДНК. Мы являемся сегодня новым творением лишь потому, что наш священник стоял за вас.

Позвольте задать один вопрос. Сколько раз Иисус пророчествовал вам? Но каждый день Он действует как ваш священник, и благодаря этой взаимосвязи Он постоянно настраивает вас на то, кем вы должны быть и кем Бог создал вас. Когда вы серьёзно воспримите своё священство, тогда ваши пророческие действия будут основываться на Божьем намерении, и тогда это действие нелегко будет поколебать мимолетными контекстами и тем, что люди делают друг с другом.

Как понять, эффективно ли вы действуете в своей священнической роли? Очень просто – вы начнёте нести исцеление людям. Как же нам быть с текущей ситуацией? Во-первых, все действия священника должны совершать исцеление. При этом священник не может исцелять только тех, кто ему нравится. Однако и здесь мы сталкиваемся с пророческой ложью: нам хочется исцелить только тех, кто нам по нраву, или тех, кто согласен с нашим политическим мировоззрением или мнением по устройству мира. Но это не священство по чину Мелхиседека. Каким-то образом в священстве Мелхиседека участвует всё человечество. И только те люди, кто сами выбрали удалить себя, будут удалены. Мы же сами никого не удаляем. Для нас неприемлемо такое, и мы не перестаем из-за такого решения человека относиться к нему как к части человечества.

Работа с ключом Метатрона – это всегда какое-то действие. Здесь я избегаю термина «пророческое действие». Скорее, я буду использовать старое слово «ритуал», которое часто людям не нравится. Однако ритуалы – это Божьи образы действий для изменения поведения, структур и ситуаций. А когда мы прикрепляем к чему-то слово «пророческое», мы перенастраиваем это понятие в соответствии со своей собственной глупостью. Скажем, есть действия священников, с помощью которых открываются новые миры и возможности. Если мы предстоим как священники перед людьми, мы сможем открывать для них эти двери.

Но сколько людей мы привели в уныние? Многие настолько сейчас лишены силы духа, что это уже не смешно. Многие очень разочарованы и понесли боль из-за всего этого пророческого, поэтому мы должны занять своё место священника. Священниками не становятся тогда, когда не получилось пророчествовать, будто это то место, где можно спрятаться.

Где сейчас все пророки? Все они молчат, потому что не выполняют свою священническую роль. Священнику нельзя отделять себя от народа, когда что-то идёт не так. Священник всегда с людьми, как в духовном, так и в физическом мире. Возвращение священства станет исцелением для пророчества.

Что дальше? Чтобы мы были эффективны в эту эпоху и в следующем движении Бога, нам нужно выполнять обязанности священника не только для себя, но и для нашего народа. И речь идёт не только о молитве. Вы должны научиться ходить в духе и участвовать в священнической деятельности в небесном мире. Каждый раз, когда вы занимаете своё священническое место на земле, Небеса замолкают, они хотят услышать, что вы скажете. Я хочу, чтобы вы это услышали! Ваше священство на земле имеет аналогичное священство на небесах. Там оно включает в себя всё сообщество святых, всех великих людей, матерей и отцов, которые действуют в Царстве духа. Каждый раз, когда вы сознательно занимаете позицию священника для исцеления или примирения, встаёте со своим кадилом, изливающим фимиам, Небеса встают рядом с вами. Как только вы поймёте это и станете священнодействовать, все наши братья во Вселенной поднимутся с вами, потому что ваше священство вселенское.

Все двенадцать ключей Метатрона доступны каждому, кто будет действовать поистине в соответствии со своими священническими обязанностями. Хотя Метатрон является механизмом, но он же на самом деле – человек, или то, что стало человеком. Это механизм, с помощью которого Небеса выполняют преобразования и открытие измерений. Каждый священник (включая вас) благодаря своему статусу, является порталом, а также тем, кто открывает или закрывает порталы и врата. В функции священника входит: открытие пространственных, духовных, эфирных и психо-порталов, а также закрытие неправильных порталов или врат. Всякий раз, когда вы видите, что в обществе происходят определенные события, которые не должны происходить, помните, что кто-то для этого смог открыть портал или измерение. Став священником, который фундаментально связан с Божьими вселенскими идеями и движениями, вы можете встать и выполнять свои священнические обязанности, а затем, когда вы говорите пророчески, вы можете закрывать эти двери и врата, чтобы они не имели никакого действия.

Коллективно мы потерпели ужасную неудачу – мы были слишком эмоционально увлечены тем, чего нам хотелось, но не тем, в чем нуждалось человечество. Помните, что каждый священник обладает такой способностью. Если что-то не происходит, то это не по причине, что Бог вас не сделал священниками, а скорее потому, что вместо укрепления своего священства (особенно в чине Мелхиседека), вы просто много говорили. Все эти разговоры на самом деле ничего для вас не сделали, но не отчаивайтесь, вместо этого найдите способ воссоединиться со своим представлением о священстве. Особенно в том, что ставит вас в чин Мелхиседека, по которому Христос теперь является Первосвященником. Отыщите, как снова соединиться с этим священством. Спросите себя: «Как я могу использовать своё священство, чтобы принести исцеление в ту ситуацию, в которой я сейчас нахожусь? Как я могу использовать священство для примирения между братьями?» К сожалению, некоторые люди буквально наслаждаются разделением в Теле Христа. Их упрямство не позволяет им быть Христом для других. Скорее, они говорят: «Прав только я, независимо от того, что думают другие. Моя позиция верна, несмотря ни на что». А то, что люди страдают и умирают, это неважно. Главное, чтобы правота таких людей постоянно подтверждалась – эта позиция способствует лжепророчеству. Однако даже пророк должен быть готов сказать: «Гм. Я действительно не хочу, чтобы всё происходило вот так, это античеловечно!»

Помните, что священник был выбираем из народа. Он должен быть таким, который сможет сопереживать в страданиях и соотносить их с личным опытом, а затем принести это переживание в престольный зал Бога как инструмент своего служения. Когда любая религия терпит крах священства, это означает, что для неё пришло время умереть. По этой причине должно возникнуть новое поколение священников. Вы никогда не сможете полностью удалить священство из любой системы религии или веры. Если вы это сделаете, религия перестанет существовать. Вот почему у нас так много пятидесятнических церквей, которые когда-то были успешно начаты, а затем умерли! Их основой было пророческое слово, а не священнический механизм.

В иудаизме люди с ключами имен Божьих были священниками. Эти ключи им были даны неспроста. Ключи к именам Бога были ключами к ДНК психической структуры Божьего народа. Священникам доверяли использование этих ключей не для манипулирования людьми, а для перенаправления их к первоначальному Божьему намерению. Являясь священником, вы носите этот Метатронов ключ. Первый ключ – ключ к тайне бытия, которая скрыта в вашем существе. Ключ к бытию – великий Я ЕСМЬ. Я ЕСМЬ жизни. Это ключ, который имеет дело со всеми структурами вашего существа.

Что делал Первосвященник в День Умилостивления, входя во Святое Святых, и при выходе произнося неупоминаемое имя Бога? Когда он произносил это имя, все грехи Израиля исчезали. Один из законов Писания гласит, что никогда нельзя использовать имя Йод Хей Вав Хей как проклятие, но есть такие верующие, которые используют это имя как способ проклинать людей. Такое поведение нельзя сочетать со священничеством. Священник всегда стоял за народ. Я хочу, чтобы вы вернулись к Писанию и увидели, что священники не могли так поступать. Однако пророки были свободны это делать, потому что они не были попечителями народа. Но народ никогда не слушался пророков, хотя Бог знал, что Он через них делает. Итак, когда Бог захотел искупить народ, Он послал Своего Сына как священника.

Как вы обращаетесь со своими братьями, которые не согласны с вами? Обращаетесь как священник или продолжаете нести эту пророческую бессмыслицу, которая даже не сбывается? Вернитесь назад и спросите себя, правильно ли вы действуете в священстве Мелхиседека, главой которого является Христос. Вы действительно поступаете так, как поступал Христос? Людям всегда будет известно больше, чем вы думаете, однажды они посмотрят на эти пророчества и скажут: «А как насчет этого или того?» Всё, что я хочу сказать вам, если эти пророчества оказались ложными, покайтесь и вернитесь

на своё место священника, а не пытайтесь оправдаться. Это не пройдёт.

Как помнят мои близкие друзья, когда Трамп победил на выборах в 2016 году, я сказал, что сейчас - время суда, чтобы показать, что находится в сердце церкви. Речь идёт не о Трампе, а о церкви. Таков суд для церкви. Хотел бы я ошибаться, но мы находимся именно в этой ситуации, особенно евангельские и пятидесятнические церкви. Это так ужасно, что случилось с последователями Иисуса. Но народ решил, что демократы – это бог, и каждое их решение благочестиво, несмотря на бессмыслицу, которую они несут – от абортов до образа жизни. Не говоря уже о демократах, но даже те, кто утверждает, что живёт праведно, требуют от нас, чтобы мы открыто явили наше священство. Их же священство стало служением у жертвенника сатаны. И это правда! Это видно по тому, что они слепо следуют за определенными искажениями, и любой, кто не согласен с ними, является для них проблемой. Многие из этих людей пошли своим путем. Они ставят желания людей выше того, что говорит Писание.

Итак, хоть у нас и есть эта проблемы, и всё же иногда получается исправить человека, если, конечно, он открыт для исправления, и сам хочет занять позицию, чтобы изменить мир. Я говорю вам, что истинного священства больше не существует в теле Христа. Нам нужно вернуть себе позиции священников. Поступая таким образом, мы сможем изменить и преобразовать мир и вызвать обновление творения.

Следующий вопрос, который требует нашего внимания – что носил Аарон на своем теле как Первосвященник? Его одежда копировала облачение Мелхиседека и была «транспортным средством» священника для перехода из одного измерения в другое, которое соединяло измерения и открывало порталы. Фактически всякий раз, когда священник облачался в свои священнические одежды и вставал на свой священнический треугольник или квадрат, на этой точке происходило немедленное соединение его сознания со всей Вселенной.

Когда я вошёл в тот мир, я говорил с Господом и сказал, что хочу узнать, что такое священство. Я все время задаю вопросы, например, почему наши пророчества так часто не сбываются? И вот как я узнал об этом некоторые вещи. Я увидел в видении на небе Господа и Аарона, это было великолепно, а потом всех священников и верующих, одетых в ефоды и сверкающие одежды. Всё, что они делали - кадили. Дым от ладана был чисто белым, а я наблюдал, как их намерение проявляется в творении. Это было то, что может сделать только священство верующих – не только исправить творение, но и проявить в нем Божье намерение и намерение верующего. Что действительно удивило меня, так это то, что каждый из них мог создать целый мир в удивительном движении этого дыма. Трудно всё объяснить. Называйте это видением или как хотите, но для меня это было видением о священнике, способном открывать порталы для проявления новых миров, новых паттернов, новых структур, взаимосвязей между мирами. Нам ещё предстоит пройти долгий путь возрастания в нашем священстве.

Следующий пункт. Когда священник выполняет полноту своих обязанностей, он может дойти до такой точки, где он станет прорицателем. Когда Писание упоминает священство, храм и жертвенники, оно также говорит о прорицателях, а не о пророках. Истинный священник действует по принципу прорицателя. Мы дошли до нового этапа. Отныне пророчество будет выглядеть иначе. Сейчас оно не исчезнет, но однажды пророчество прекратится. И пророчество, как мы знаем, может не сбыться. А наше священство, тем не менее, установлено навсегда. Братья и сёстры, я хочу ободрить вас. Если пророчество не сбылось, это не означает, что Бог потерпел неудачу. То, что люди видели неправильно, не имеет отношения к Богу. Сделайте шаг назад и начните исполнять священнические обязанности и посмотрите, что произойдет. Думайте об умилостивлении. Смотрите на себя как на инструмент преобразования, используемый для искупления человечества, для спасения человечества, и во имя жизни. Пожалуйста, услышьте меня! Это не спасёт вашу политическую партию, потому что партия не будет жить вечно, и в реальности это и происходит. Политические системы разбиваются, но ваше священство устоит. Что бы ни происходило в вашей стране, если вы священник от Бога, вы сможете создать паттерны преобразования своей земли, своей семьи и своего народа. Это то, что делал Иисус.

Итак, имея Первосвященника великого, прошедшего небеса, Иисуса Сына Божия,

будем твёрдо держаться исповедания нашего. Ибо мы имеем не такого первосвященника, который не может сострадать

нам в немощах наших, но Который, подобно нам, искушён во всём, кроме греха. (Евреям 4:14-15)

Каждый священник способен принести жертву умилостивления и встать за народ перед Богом, а не перед человеком или кем-либо ещё. Перед кем вы стоите, будучи священником? Обратитесь и предстаньте перед Богом, если мы этого не сделаем, народ будет страдать, потому что мы не сделали то, что должны были сделать. Да поможет нам Бог!

Когда священники действуют правильно, глаза их престолов открываются. Открываются именно потому, что выполнение обязанностей священника, его действия позволяют им открыться. Все тело наполнено этими глазами, а глаза тела священника могут смотреть и видеть во всех направлениях. Именно при правильном выполнении обязанностей священника Вселенная открывается нам, и мы видим, что происходит в других мирах.

Невероятные перемены пришли в творение, и я молю Бога, чтобы мы не пропустили их. Но мы должны проявить осторожность – нас могут использовать для создания не чего-то нового, а опасного для человечества. Многое, что мы наблюдаем в творении, явилось результатом того, что люди, приступившие к священству, в конечном итоге использовали его для поддержки идеологии, а не дела Иисуса Христа. Когда Христос становится второстепенным, а слово Божье отходит на второй план, создаются системы, которые делают нас важнее Христа. Поэтому мы должны быть осторожны.

АКТИВАЦИЯ ВО ВРЕМЯ ПРИЧАСТИЯ:

Мы хотим принять это причастие для укрепления наших сил, сил священников, преображающих творение.

В поисковой строке браузера введите следующий адрес, чтобы принять участие в причастии с доктором Обоннайей и укрепиться в вашем священнодействии:

https://www.aactev8.com/course?courseid=aactev8-media-archives

Затем выберите Главу 2 «Причастие». Вам нужно будет создать/войти в свою бесплатную учетную запись вебсайта Aactev8.

<u>Текст служения причастия</u>

Братья и сёстры, принимаем причастие там, где вы находитесь. Это священнический поступок.

Господь Иисус Христос взял хлеб и сказал: «Это моё тело». Повторение первоначального акта. Когда Иисус раздал этот хлеб, Он ещё не пролил Свою кровь. Но Он сказал Свои слова до того, как Он фактически умер на кресте, что означает, что суть их находится вне физической реальности крови. Она находится в духовном мире, в самой сущности того, кем является Бог. «Это мое тело, отданное вам. Примите».

Мы принимаем это во славу Отца и Сына и Святого Духа.

(Ест хлеб)

Он взял чашу и возблагодарил. Он сказал: «Эта чаша – новый завет в моей крови. Примите. Пейте её и делайте это в Мое воспоминание». Примите.

(Пьёт чашу.)

Верой мы принимаем сущность жизни Сына Божьего. От жизни в жизнь. От света в свет. Благодать на благодать. Господи, мы занимаем позицию священников Твоего Царства, как царственное священство. Мы принимаем с благодарением. Мы принимаем для исцеления наших народов. Мы принимаем для исцеления наших семей. Мы принимаем для исцеления языков нашего колена и всех народов земли. Мы принимаем для исцеления солнца, луны и звезд. Мы принимаем для исцеления океана, земли, всех планетарных систем, которые Ты создал. Господь, мы верим, что Твоё исцеление проходит через всех, и мы стоим здесь как священники через кровь Твоего Сына. Мы принимаем и встаём за народы, в которых находимся. За тех из нас, кто находится в изгнании, мы принимаем за народы, из которых мы были изгнаны. Мы возносим всех во славу Твоего имени. Благословенно имя Твое, Отец. Благослови Твой народ, каждого, кто слушал. Научи нас, Боже, быть истинными священниками, чтобы, когда мы пророчествуем, мы пророчествовали с позиции истины, с позиции служения Тебе, с позиции истинного священства. Благословенно имя Твое, Господи. Аллилуйя, Отец. Благослови Твой народ снова, мы молимся во имя Иешуа Ха-Машиаха. Аминь.

Братья и сёстры, слава Богу!

3

СВЯЩЕНСТВО И ОГНЕННЫЙ ЖЕРТВЕННИК

Когда священник не поступает
по Любви, Премудрости и
Божественной Воле, огонь
становится губительным.

Что значит быть священником? Рассмотрим некоторые библейские принципы. Наш Бог Отец сделал нас царями и священниками, поэтому мы действительно наделены соответствующим статусом. Остается разобраться, как им пользоваться. Мы должны постоянно помнить о принципе действия этого статуса, чтобы нам оставаться утверждёнными в нём и быть ему верными. В Библии очень ясно сказано: священство дано нам на веки вечные. Если Иисус Христос, наш Спаситель, Иешуа, наш Мессия, является священником навеки по чину Мелхиседека, то и мы все – священники в этом чине.

Сначала мы поговорим о священстве, которое Бог дал Израилю, и которое практиковалось в Торе и Танахе. Затем перейдём к современному значению священства. В наши дни, когда перед нами так много неизвестного, особенно важно понимать принципы его действия.

Поговорим о священниках и стихийных началах. Речь идёт именно о началах. Первое, что вы замечаете, изучая Писание, что священники работают с огненным жертвенником. Описано это в книгах Левит и Числа. Писание также много говорит о том, чтобы священники не приносили на жертвенник Господень «чуждый» огонь. В некоторых переводах этот огонь называется «неразрешённым» или «оскверняющим».

Надав и Авиуд, сыны Аароновы, взяли каждый свою кадильницу, и положили в них огня, и вложили в него курений, и принесли пред Господа огонь чуждый, которого Он не велел им; и вышел огонь от Господа, и сжёг их, и умерли они пред лицом Господним. (Левит 10:1-2)

Мы знаем, что Авраам был священником перед тем, как стать пророком, он возводил жертвенники Господу. Можно много рассуждать об Аврааме пророке, но важно не забывать, что одним из первых действий Авраама, когда он пришёл в землю Ханаанскую было возведение жертвенника, а не пророчествование. Зачем строить жертвенник? Потому что это не просто подиум из камня – это сооружение, открывающее врата, порталы и пути. Не будем вдаваться в подробности. Каждый священник должен служить у жертвенника и быть способным воздвигнуть его. Это место священнодействия, открывающее портал между нашим и другими мирами. В зависимости от того, кто строит жертвенник, можно открыть либо одни врата и один путь, либо несколько, чтобы что-то из других миров пришло в этот мир. Хотя все мы знаем, что Авраам был также и пророком, а мой народ постоянно цитирует его пророчества, однако Бог не просто так ставил пророков в Израиле. Например, Моисей также был пророком, и его слово используется в качестве пророчества, но я утверждаю, что, во-первых, он был священником, а его пророческие действия выросли из его священнической роли. Он прошёл обучение у священника, и именно поэтому смог стать священником в Израиле. Моисей был также и царем, как утверждается во Второзаконии 33, стих 5: «И он был царь Израиля».

Священник служит у жертвенника с горящим огнём. Почему? Читая Новый завет, наверняка вы заметили, как Павел говорит, что наш Бог есть огонь поядающий. Заметьте, он не говорит, что у нашего Бога есть огонь поядающий.

«Огонь поядающий» может иметь как минимум три значения. Первое. Бог настолько чист, что огонь вокруг Него пожирает всё злое и нечистое. Итак, Бог уничтожает всё нечистое. Всё, что приходит к Богу и входит в Него, очищается в огне.

Второе значение: Бог – губитель. Вы знаете, что Бог судья, и Он может выносить приговор. Однако я не думаю, что в Послании к Евреям значение огня поядающего, как Бога судящего, заключается в том, что Он убивает людей. Но правда в том, что если подойти к огню неправильно, то он убьёт, потому что сущность поядающего огня – святость, и он делает вещи и людей святыми. Итак, огненный жертвенник предназначен для очищения мира.

В древние времена, когда некоторые люди крестились в мистическое христианство, первое, что говорилось тому, кто входит в эту тайну, было: «Пусть земля, вода, воздух и огонь будут твоими слугами, чтобы приблизить тебя к сердцу Божьему». Такое говорилось тем, кто проходил посвящение в христианство и вступал в священство. Новообращенному христианину говорилось: «Пусть эти стихии будут твоими проводниками и приведут тебя ближе к Божьей любви». Цель служения священника у жертвенника – выпускать огонь Божьей любви в творение. Я знаю, что жертвенник ассоциируется у вас со смертью, но на самом деле жертвенник – это прообраз высвобождения новой жизни. Посредством механизма огня на жертвеннике одна жизнь отдает свою собственную во имя обновления жизни кого-то другого.

Итак, священник оперирует стихиями. Можно сказать, что во Вселенной всё имеет некую форму огня, который является жизненным началом. В каждом живом существе горит огонь, а это значит, что священник является хранителем жизни живых существ в творении. Если обратиться к книге Левит (или Числам), там говорится, что смысл ритуального действия священника в управлении огнём заключается в том, чтобы провести через него нечто, что должно перейти в жизнь. Но этого недостаточно. Священник служит у огненного жертвенника не только потому, что огонь как стихия может стать губительным, но потому что, подключившись к Божьему потоку стихий творения, сам становится дарителем жизни. Итак, мы знаем, что по эту сторону человеческого опыта невозможно получить жизнь без смерти, но есть мир, в котором жизнь производит жизнь, чего нет сейчас в этом мире. Но, выполняя функции священника у жертвенника, мы можем найти способ открыть миры, и тогда мы действительно сможем служить от жизни к жизни, а не от жизни к смерти. Стихии Вселенной находятся под контролем и властью тех, кто в действительности будет служить священниками. Так написано у вас в Библии:

«Я крещу вас в воде в покаяние, но Идущий за мною сильнее меня; я не достоин понести обувь Его; Он будет крестить вас Духом Святым и огнём; (Матфея 3:11)

Наступает время, когда и вы будете крещены огнём. Это можно интерпретировать так: когда огонь приходит в храм, он поглощает жертву, но он не убивает людей. В Писании есть места, где говорится об огне, убивающем людей, но я хочу поговорить об этом в контексте служения священников. Когда огонь приходит при священнодействии, он поглощает то, что приносится в жертву, но не уничтожает приносящего её. Таким образом, способность священника контролировать эту стихию выражается в том, что он знает, что поглотит огонь. Это может быть не только то, что вы приносите в жертву, но также и грех, который вы приносите из своей жизни. Огонь поглощает это, но не поглощает священника. Это было первое откровение, которое Бог дал Моисею.

Моисей увидел, что терновый куст горит огнём, но куст не сгорает. (Исход 3:2)

Это настолько отличается от деятельности многих пророков. Моисей увидел горящий куст, который не поглощался огнём. Не забывайте, что Моисей пережил всё это, будучи учеником священника.

И вы, будучи священником, можете управлять этой стихией огня, и не только ею. Я говорю об определенных силах Божьих, которые действуют в мире. Если их не направлять и не контролировать присутствием священника, они могут поглотить мир. Бог воздвигает вас как священника, чтобы вы могли контролировать эти стихии. Меня это поражает!

Бог сделал нас священниками, служащими у жертвенника. Священник направляет течение потока Божьего огня и указывает путь вхождения Божьей силы и Его природы в наш мир. Однако природа Божья становится разрушительной тогда, когда священник не занял своё место. Чего именно Бог хотел от Аарона, его семьи и священников-левитов? Зачем Ему было поставлять их на служение у огненного жертвенника? Он хотел, чтобы священники поддерживали существование мира, и управляли энергетическим потоком Божественности внутри творения, потому что в нём присутствовало зло, а без священника, стоящего на своём месте, зло поглотит мир.

Если же зло попытается поглотить мир, то сила или природа Бога снимут с себя собственные ограничения и уничтожат мир, потому что Он не может терпеть зло.

Позвольте мне это проиллюстрировать. Вы верите в Иешуа, и в то, что из-за Него Божий суд не придёт на вас. Почему? Потому что Он – ваш священник. Первосвященник для Израиля был чрезвычайно важной фигурой. Каждая деталь его священнического одеяния что-то обозначала. На лице Первосвященника, символически на месте разума была начертана буква Шин Гадоль, в которой содержатся все остальные буквы еврейского алфавита – та же самая структура, которую использовал Бог для создания мира. Это указывает на возможность Первосвященника соединиться с пониманием, как Бог создавал Вселенную. Таким образом, каждый раз, подходя к жертвеннику и принося огонь, он перенастраивал мир на первоначальную структуру Божью.

Итак, огонь – стихийное начало. Каждый христианин должен понимать значение крещения огнём.

Мы могли бы сейчас начать обсуждать стихию воды, но не будем этого делать, чтобы уделить больше внимания огню – механизму под управлением священника, дающему свет и жизнь Вселенной. Опять же, сам по себе огонь не несёт жизнь, а наоборот – склонен поглощать.

В Библии рассказывается о том, как два сына Аарона принесли чуждый огонь к жертвеннику, и как сказано в книге Левит 10:1-2 – «вышел огонь от Господа и сжёг их». Если вы приносите Богу огонь, то он должен нести в себе природу Божью, которая и втягивает этот огонь в Него. Однако, если он несёт природу человека, а не Бога, это обернётся против самого человека, потому что ему невозможно будет выдержать чистоту внутренней природы Божьей. Опять же священник должен уметь различить чистый и оскверненный огонь.

Библия говорит, что Бог творит ангелами Своими духов (или ветра́) и служителями Своими пламенеющий огонь (Евреям 1:7). Священник – служитель Божий. Он – пламя огня. Священник осуществляет свою деятельность перед огненным жертвенником. Конечно, это не единственное его занятие, но важно понимать данные свойства и назначения. Огонь позволяет священнику возводить защитные стены вокруг людей. Наша проблема в том, что, будучи верующими, мы хоть и говорим обо всём этом, но почему-то не доходим до священнических действий, чтобы защитить людей, которые в них нуждаются. Мы много плачемся об этой нужде – о детях и женщинах, людях с разбитыми сердцами, но перейти к действиям отказываемся. Если бы мы на самом деле строили огненные жертвенники, то стали бы настоящими священниками – посланниками Его. Как говорит Бог:

Об Ангелах сказано: «Ты творишь Ангелами Своими духов и служителями Своими пламенеющий огонь». (Евреям 1:7)

Мы – те священники, которые открывают врата для огненных посланников, чтобы они вошли в творение не для разрушения, а для очищения. Будет суд, но суд покорится принципу покаяния и огня, который исходит от Бога, несущего милосердие. Жертвенник Израиля, где поклонялись священники, был жертвенником милосердия, благодати, божественного очищения и соединения с Богом. А какой вы священник? Вы из тех, которые постоянно ищут, что плохого сделали люди, чтобы их погубить, или вы священник, огонь которого очищает?

Жертвенник Божий – это огненный жертвенник преображения. Являясь священником, вы служите и приносите к нему всё нечистое, чтобы переплавить и преобразить его там.

Люди превратили Божий огонь в огонь разрушения. Когда человек обнаружил в нём эту функцию, он начал использовать его божественную природу, но отталкивался только от своих желаний. Таким образом, действие огня, которым управляет священник, может быть отравлено его личными желаниями, или усиленно проводить преображения. Желания священника не сосредоточенного на Боге становятся нестабильными – то вверх, то вниз, а это заставит его забыть сакральный смысл огня и начать злоупотреблять его функциями. Именно так происходит переход от использования огня в качестве света к использованию в качестве разрушительной силы, направленной против человечества.

Почему в творении присутствуют разрушения в результате огня? Причина – действия священников и жрецов, начиная с древних зороастрийцев, индусов, африканцев и майя. Единственный известный нам народ, который не использовал огонь в своей религии – это древние египтяне. Такое злоупотребление огнём является искажением его смысла. Оно направлено на порабощение народов. Священники наделяли огонь образом карающего Бога, чтобы расправиться с теми, кто им не нравился. Будьте осторожны!

Священник должен проявлять безусловную природу Божью. Некоторые же могут пытаться использовать жертвенник для вызова посланников огненных стихий, которые уничтожат всех несогласных. Если огонь используется правильно, он сам по себе произведёт суд. Когда я смотрю на жизнь Авраама, я думаю: «Разве это не очевидно, что первым действием Авраама в Ханаане было священнодействие?» Я смотрю на Моисея и понимаю, что именно он помешал Богу полностью погубить Египет. Каждый раз, когда фараон взывал к Богу, Моисей просил Его смягчиться. И всё равно я постоянно вижу священников из евангельских и пятидесятнических церквей, которые не ходатайствуют за мир, а только за тех, кто с ними, священниками, соглашается. Разве так поступает священник? Ходатайствовать о несогласных с вами – ваша прямая обязанность, и таков многомерный принцип неисчислимого множества миров. Помните, я как-то говорил о том, чем отличается иудей от язычника? Иудей верит в единого Бога и множество миров. Язычник верит в многобожие и один мир.

Итак, для чего же Бог крестит верующего огнём? Причина: вы – тот, кто управляет этим стихийным началом на земле. Вы решаете, как ему действовать и как вам применять огонь. Если мы действительно хотим выполнять обязанности священника, нам нужно понимать три принципа управления стихиями:

1. Божью Любовь

2. Божью Премудрость

3. Божью Волю

Нам важно укорениться во всех трёх. Примеры тому мы находим в деяниях Христа в Новом Завете, и в жизни Моисея – в Ветхом. Это поможет нам разгадать принципы управления стихиями.

Допустим, я совершаю действия по примеру Мелхиседека и моего отца Аарона. Я должен не отходить от Божьей Любви, которая крайне необходима, потому что лишь она пронизывает эти стихии, не давая им погубить заблудших. Помните, что священник – это тот, кто встаёт для создания «умилостивления-единения» и мира между Богом и людьми, которых Он избрал. Здесь действует только принцип любви! Ваша любовь не должна мыслить категорией нравится тебе кто-то или нет, она может не соглашаться с человеком, но у неё нет Божьего разрешения на то, чтобы не любить его. Этот принцип должен усвоить каждый священник. В западных религиях, как вы знаете, католический священник выслушивает исповеди как друзей, так и врагов. Это никак не получается у пятидесятнических и евангельских священников. И хоть когда-то католическая церковь истребляла врагов своих принципов, но сейчас мы говорим не об этом, а об отдельно взятом хорошем примере служения. Католический священник должен прощать всех и служить человеку независимо от того, согласен он с ним или нет.

Что же значит быть священником и поступать на основании Божьего тройственного союза Любви, Премудрости и Воли? Некоторые считают, что трое волхвов, пришедших поклониться Иешуа, были воплощением этих трёх добродетелей. На самом деле, воплотив в себе Божью Любовь, Мудрость и Волю в их истинном виде, вы становитесь горнилом преображения жизни другого человека. Священник всегда должен трудиться в рамках Божьей Любви, Премудрости и Воли. Когда священник так не поступает, огонь направляется не на преображение, а на разрушение. Помните, преображение – это изменение внутренней природы. Когда любовь становится ненавистью, люди говорят – этот человек пропал. На самом же деле, человек пропадает, когда ненависть становится желанием причинять боль, потому что всё дело в желании. Когда мудрость становится глупостью, священник начинает действовать с материальной точки зрения, не заглядывая в сердца людей, видя только их ошибки и глупости. Значит, в этом случае вы создали структуру, укоренённую на земле, а не на небесах.

Тройственный Принцип Божьей Любви, Премудрости и Воли

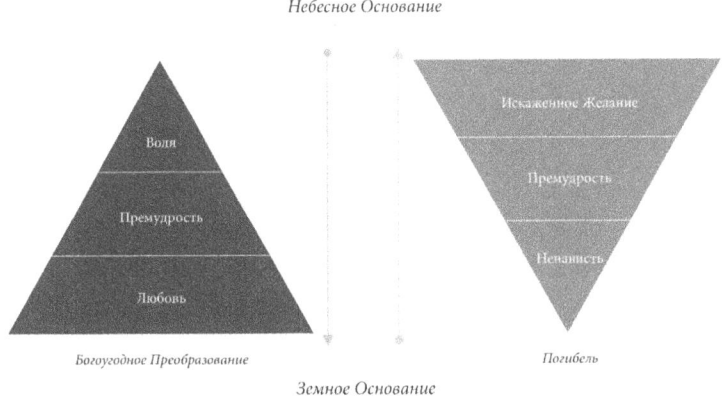

Это полное искажение священства, потому что тогда оно становится силой, управляемой ненавистью и информацией, управляемой контролем, а затем воля становится простым желанием жадности. Когда такое происходит, вы получаете перевёрнутый треугольник антипреображения, посредством которого вещи и люди лишь деградируют. Все это уже было проявлено и продемонстрировано древними. Даже простые игральные карты, оставленные нам их цивилизациями, наглядно показывают, как это искажение реализовано в мире.

Поскольку многие из нас смотрят на всё с неправедной точки зрения, мы упускаем суть и не задаем правильных вопросов. Почему наши предки оставили нам все эти игры? Почему наши отцы из Африки оставили игру, отображающую переход из дома в дом по схеме, начертанной на земле? Зачем нам нужна древняя игра «в классики»? Возможно, «классики» - прообраз тех изначальных тайн, которым священнику можно обучиться лишь поэтапно. Но мы считаем это злом, потому что не хотим знать о труде священника. Однако священник – это тот, кто делает великий труд.

Если я воздвигаю жертвенник, я прохожу крещение огнём. Если я открываю молитвенный жертвенник, то я создаю врата для явления огненных посланников, и для проявления более высоких, более тонких реальностей жизни там, где я создал жертвенник. Обратите внимание, как только вы начинаете молиться и ходатайствовать за людей, вы оказываете влияние на атмосферу своим намерением, и она сразу наполняется энергетическими системами. И затем священник становится тем, кто выпускает огненных посланников, чтобы создать горнило преображения.

Что бы ни происходило в США, мы обязаны занять позицию священников и начать действовать. Пророчества не достигнут нужного эффекта, если мы остаёмся в прежнем состоянии. Мы должны вернуться к созданию горнил преображения.

И, собрав их, Он повелел им: не отлучайтесь из Иерусалима, но ждите обещанного от Отца, о чём вы слышали от Меня, ибо Иоанн крестил

водою, а вы, через несколько дней после сего, будете крещены Духом Святым. (Деяния 1: 4-5)

Когда Иисус Христос выполняет служение, Он контролирует и направляет стихийное начало огня. Во времена Торы, когда человек приносил жертву, священники подготавливали её, потом приносили к Первосвященнику и сжигали на огне. Зачем? Они сжигали её, чтобы аромат и благоухание поднимались к Богу. Туша очищалась от гниющей части и внутренностей и сжигалась. В огне поднималась эфирная сущность существа вместо жизни человека, приносящего жертву. Необходимо действительно понять, что же делает священник у этого жертвенника? В результате его действий сама сущность Божья возвращается к человеку и превращает его в огненного вестника с очищающим и несущим Божье благоухание огнём. Поймите, мы призваны стать именно такими священниками.

Обычно цель служения у огненного жертвенника заключается в том, чтобы огонь входил в творение, чтобы атмосфера, в которой служит священник, стала хотя бы минимальным отражением Небесного царства. Если вы заметили в Писании, то и Первосвященник, и священники второго и третьего рангов, и все остальные в Израиле должны были приносить жертвы за себя. Другими словами, они должны принести жертвенный огонь для собственного очищения. Причина, по которой мы подробно обсуждаем механизм работы этой стихии, заключается в том, что огонь милосердия, покаяния и благодати, который высвобождает Сам Бог, позволяет действовать таким образом, чтобы Небеса опустились на землю. Можно много обсуждать, как приносились жертвы у огненного жертвенника в Израиле, но по факту были замечены некие эфирные существа по всей Израильской земле. Во время жертвоприношения открывался мир огня в храме, и это видели все люди. Мы используем огонь как метафору и символ более тонкой реальности в сфере духа, в духовном и эфирном мирах.

Каким же образом возгоралось и сходило небесное пламя? Оно просвещало тьму, сжигало шлак и заставляло золото в нашем внутреннем существе отражаться в этом мире.

Вы когда-нибудь спрашивали себя, почему Израиль обретал свободу от греха на целый год после каждого праздника огня (Дня Умилостивления), когда Первосвященник входил в храм и выходил из него? Народ становился отражающим принципом Божественности, теперь в течение целого года люди могли свободно служить Богу и заниматься своими делами. Если бы Первосвященник этого не сделал, то грех накладывался бы на грех. Те из нас, кто знает Иешуа и верит, что Он – Мессия, должны прийти к пониманию, что Он завершил Свое служение в качестве священника по чину Мелхиседека, стоя у огненного жертвенника на Небесах, где мы являемся сопричастниками Его священства.

Если Земля и творение движутся не так, как они должны, то это потому, что священники заснули на своих постах или пытались заставить их существовать через пророчество вместо того, чтобы занять и исполнять свою роль священников. Я показал вам, что целая плеяда главных пророков Писания вышла из священников.

А на днях во время чтения я вдруг понял, что Даниил нигде не назван пророком. Его называли провидцем. Я задумался. Даниил был одним из немногих пророков, который не имел священников в родословной, но стал царём. У всех других, кого называют пророками, в послужном списке можно найти священническое служение. Могу лишь предположить, что пока всё это время священники занимались болтовнёй, не выполняя прямых обязанностей, создавался неуправляемый хаос и в итоге их дети попадали в рабство. И всё потому, что никто не воздвиг жертвенник, чтобы провести очищение народа и мира. Мы жалуемся на то, что происходят сегодня, но где мы сами были всё это время? Мы, священники этой земли, позволили тем, кто служит другим богам, стать её священниками, и они выполняли то, что полагается в их священстве. Мы должны занять своё место в порядке Единого Бога и осуществить священнодействие, которое позволит огню сойти сюда и преобразить наш мир.

Когда священник не поступает по Любви, Премудрости и Божьей Воле, огонь становится разрушительным. А действие стихийных начал земли проявляется в землетрясении. Действие ветра становится бурей, а движение воды – наводнением.

Именно для этого нужен священник, чтобы сбалансировать структуры стихий друг с другом. И тогда Вселенная, в которой мы существуем, может быть преображена обратно в божественное золото. Вот кем мы являемся, и в чём заключается наш труд в роли сыновей, царей и священников. Вовсе не в управлении мелкими стихийными духами у себя во дворе, вовсе не в том, чтобы заставить их шептаться и разговаривать с нами – всё это имеет нулевой эффект для мира. Но мы должны пребывать там, где Бог изливает Своё существо и Свою изначальную природу повсюду вокруг, потому что вы те, кто открывает этот мир. Поступая так, вы направляете в него Божественную мысль и силу, поддерживаете в нём жизнь, преображаете и исправляете для проявления первоначального Божьего замысла в отношении нашего мира.

Итак, только вы можете воздвигнуть огненный жертвенник, который создаст огненных посланников, потому что это вы были крещены огнём, и это первое, что сделал с вами Христос! До этого Он никогда никого не крестил огнем, а вы были крещены. Огонь несёт разрушительную силу только тогда, когда вы приносите чуждый огонь к жертвеннику и отказываетесь от его очищения.

Метатронов принцип сможет проявиться в творении только тогда, когда вы работаете с огнём, потому что он заложен в нашем существе. Огонь, с которым вы работаете, содержит в себе огненный алфавит, если так можно выразиться. Алфавит, с помощью которого Бог выпустил свет во тьму. Таким образом, священник становится тем, кто высвобождает свет, и выпускает огненных вестников. Они приходят на лицо земли для превращения тьмы в свет, превращения разрушительных желаний в желания любви. Помните, почему ваше священство так важно? Потому что Мессия, в которого вы верите, в лице Иешуа, становится Первосвященником по чину Мелхиседека.

Тайна огня напрямую связана с вашей ролью священника. Тайна огня была у Аарона и у нашего Первосвященника Иисуса Христа.

АКТИВАЦИЯ ВО ВРЕМЯ ПРИЧАСТИЯ:

Мы принимаем причастие. Отдаётся жизнь на жертвеннике, чтобы дать жизнь тем, кто в ней нуждается. Мы причащаемся, потому что Он отдал Свою жизнь за нас и заплатил цену за то, чтобы мы были здесь. Это то, что очень хорошо понимают женщины – они так многое приносят в жертву, теряют кровь и жертвуют своим телом, чтобы привести нас в этот мир.

А священник – это тот, кто служит у жертвенника, на котором происходит преображение, где жизнь рождает жизнь. Мы приближаемся к тому моменту, когда наше священство перестанет давать жизнь из смерти, но наоборот жизнь из жизни в будущем. Поэтому мы приступаем к Тому, Кто говорит: «Я есмь воскресение и жизнь», а не «Я есмь смерть и воскресение». Он пришёл для того, чтобы имели жизнь и имели с избытком, а не для того, чтобы вы могли иметь жизнь, происходящую из смерти. Священство, в которое мы вступаем – это священство, которое управляет стихийными началами. Оно связано с самой фундаментальной природой Бога. Поэтому мир исправляется, возвращаясь назад к огненному началу, которое является фактической внутренней природой Бога. Это принцип света и очищающая животворящая стихия, носимая в сосудах любви. Нам нужны священники, которые принесут исцеление миру, создадут свет в мире и принесут прощение в мир. Мы хотим нести примирение и преображение, пока мир не вступит в более светлый день. Наш призыв и наше служение на этом жертвеннике – открывать измерения, чтобы полнота Йод Хей Вав Хей сошла на жертвенник. И когда это произойдёт, всё творение превратится в жертвенник, таким образом, привлекая сюда полноту Божью. Тогда царство этого мира станет Царством нашего Бога и Его Мессии. И в тот день будет один Господь, и имя Его будет единое, и человечество будет едино. Да будет имя Господне благословенно!».

В поисковой строке браузера введите следующий адрес, чтобы принять участие в причастии с доктором Обоннайей и укрепиться в вашем священнодействии:

https://www.aactev8.com/course?courseid=aactev8-media-archives

Затем выберите Главу 3 «Причастие». Вам нужно будет создать/войти в свою бесплатную учётную запись вебсайта Aactev8.

Текст служения причастия

Возьмите элементы причастия.

Сегодня мы сосредоточимся на крови Агнца, которая является светом и огнем. Мы служим у жертвенника жизни, отданной Богом за нас, жизни, которая становится оживляющим процессом в наших телах. Мы знаем, что в ночь, когда Иешуа был предан, Он взял хлеб и сказал: «Это моё тело. Делайте это в Моё воспоминание».

(Ест хлеб) Возьмите чашу.

Кровь – это свет и огонь. Каждая приносимая жертва была сопряжена с огнём и кровью. Огонь был тем началом, посредством которого первоначальная сущность огня, заключенная в самой жизни животного, возложенного на жертвенник, втягивалась в пламя и рассеивалась по всей Вселенной, чтобы на определенное время исправить и Вселенную и человека. В нашем случае мы используем этот жертвенник Мелхиседека – первоначального священника, принёсшего жертву, и в котором были все мы ещё до сотворения мира. Мы поднимаем эту чашу вместе с Иешуа. Эта чаша – обновляющий завет в Его крови. И поскольку я учу, что кровь – это застывший свет, то на жертвеннике эта кровь становится сущностью Божеского естества, наполняющего всё творение. Если Бог есть огонь поядающий, то и огонь, поядающий жертву на жертвеннике, возвращает её в природу Того, от Которого она пришла, и она наполняет всё. Наступает время, когда не будет необходимости в смерти, чтобы производить жизнь. Мы подошли к точке, где жизнь должна производить жизнь. Благодать должна производить благодать. Милосердие должно порождать милосердие. Прощение должно приносить прощение. Пусть Бог поможет нам, верующим, когда мы совершаем это. Это кровь Христа, которая была пролита за вас и является стихийным началом огня. Вино представляет собой красный цвет крови, а кровь представляет собой огонь Божий, застывший в творении и теперь выпущенный священником, который служит у жертвенника. Аминь. Аллилуйя. Хвала Тебе, Отец!

(Пьёт чашу.)

4

АДАМОВО СВЯЩЕНСТВО, НАШЕ СВЯЩЕНСТВО И БОГ – НАШ УДЕЛ

Заклание Агнца прежде основания мира – это не процесс лишения жизни, а скорее передача жизни всему творению.

Эта книга предназначена помочь войти в ваше священническое призвание, чтобы истинное пророчество проистекало из глубин вашего существа. Чтобы всё было именно так, давайте поговорим о священстве Адама. Об этом свидетельствует 2-я глава книги Бытие, но мы не будем обсуждать при этом крах Адама, описанный в 3-й и 4-й главе.

Бог создавал Вселенную как пространство обитания части Его существа. Мы знаем, что Он вывел Себя оттуда, одновременно оставшись там, чтобы дать место для существования в ней творению. Он использовал Своё Слово, чтобы окружить им творение, потому что Его Слово - твердь, и оно есть Он Сам. Итак, Бог создал внутри Себя пространство, чтобы сотворить мир, и поэтому поместил туда творение. В этом же внутреннем пространстве Он сотворял всё, включая небеса и землю. Небеса и земля – не Бог и не превышают Бога по размеру. Бог не ограничен ими. Он – великое, всемогущее, милосердное, излучающее славу существо, в котором, как сказал Павел эллинам в книге Деяния 17:28, – «мы живём и движемся и существуем». Этот невероятный и чудесный Бог пронизывает всё, и без Него ничто не может и не будет жить. Потому всё живое в творении может черпать жизнь только из этого существа, даже те, кого мы не любим. Таким образом, и они находятся в Боге и движутся в Нём Его силой.

Бог сделал одно заявление, прежде чем сотворить Адама.

И сказал Бог: сотворим человека по образу Нашему и по подобию Нашему, и да владычествуют они над рыбами морскими, и над птицами небесными, и над скотом, и над всею землёю, и над всеми гадами, пресмыкающимися по земле. (Бытие 1:26).

Священство Адама даёт нам подсказку о том, как мы должны выполнять определённые вещи. Даже сотворение Адама является проявлением нескольких различных категорий священства. В 1-й главе книги Бытие в самом начале повествования о сотворении, Бог фактически совмещает священство и царственность. Затем в Бытие 2-й главе Бог создаёт человечество, и вы помните, как дальше развивались события. Бог собрал все фундаментальные начала, все сущности, созданные Им в творении, всё, что было взаимосвязано с Ним и использовал прах и частицы всего этого для создания Адама. Адам – это суммарное начало всей Вселенной. Всё находится в Адаме. Таким образом, Адам становится горнилом преображения творения. Точно так же священник – горнило преображения творения. Во втором повествовании о сотворении, когда Бог создавал Адама, Библия повествует, что он был сделан из праха (Бытие 2:7). Именно Адам стал причиной такого строения земной атмосферы. И Адам понес в себе потенциал атмосферного преобразования любой планеты в любой галактике или любом месте, созданном Богом. Почему? Потому что Адам был создан носителем орошающих потоков хвалы, жизни, поклонения, Божественности, которые способны активировать потенциальную Божественность во всём творении. Итак, куда бы человечество ни направилось, мы несём с собой эти потоки вод Божьих, и благодаря нашему присутствию любая атмосфера преображается.

Мы всегда фокусируемся на факте падения человека, но почему-то забываем, что человечество на самом деле несёт на себе отпечаток Божьей руки. Бог поставил человека на земле, чтобы обеспечить заселение и активацию других планетарных систем. Все системы, способные поддерживать жизнь, нуждаются в живом человеке, который и продвинет их на тот уровень, который задумывал Бог. С этой целью Бог и создал Адама из галактических или космических частиц, собрав в нем все сущее. Другими словами, Бог взял образец всего, что существует, и создал Адама. Повторюсь, Адам стал горнилом преображения и улучшения творения. Если с ним что-то пойдет не так, то со всем творением что-то пойдет не так, особенно в нижнем мире, поскольку на него эти способности Адама распространяются особенно.

Давайте посмотрим на некоторые обязанности священника. В Библии говорится, что Бог поместил Адама – первого созданного Им человека, в саду к востоку от Эдема (Бытие 2:8). Я утверждаю, что этот сад был первым храмом, и Адам должен был служить священником этого храма. Территория сада для Адама стала своеобразным микрокосмом Вселенной, где был центр храма, Святое Святых всего творения, и потому Адам был помещён туда, чтобы стать Первосвященником. Однако он был тем Первосвященником, который не имел необходимости приносить кровь жертв, потому что там ещё не было смерти. Он использовал жертву сверхъестественного света как способ создавать жизнь в творении. Адам служил посланником света, тем, кто воплощал Божественность в творении. Именно здесь в микрокосме храме Адам смог пророчествовать о природе и будущем каждого живого существа. Он смог пророчеством вызвать к существованию скрытую природу каждого сотворенного существа, что подтверждают слова Писания:

И сказал Господь Бог: не хорошо быть человеку одному; сотворим ему помощника, соответственного ему. Господь Бог образовал из земли всех животных полевых

и всех птиц небесных, и привёл их к человеку, чтобы видеть, как он назовет их, и чтобы, как наречёт человек всякую душу живую, так и было имя ей. И нарёк человек имена всем скотам и птицам небесным и всем зверям полевым. (Бытие 2:18-20)

Вы понимаете, священник Адам обладал одним только качеством – ощущением?! Он видел потенциал животных и птиц, а затем, изрекая слово, давал имя тому, что видел. Пророчество об именах было настолько сильным, что в Библии говорится про это так: в зависимости от того, как Адам называл их, теми они и становились. Помните, что в этот момент Адам пребывал и действовал в чистом состоянии, в гармонии со всем творением. Итак, когда он произносил имя животного на изначальном «языке Эдемского сада», оно звучало на языке Божественности не искаженном тлением. Произнося над животными пророческие имена, Адам осуществил начало их жизни.

Всё, что мы видим сегодня в творении – птицы, звери и даже вымершие существа – было создано и образовано в этом мире Адамом. Да, они были сотворены Богом, но их проявление в творении произошло по слову Адама. Бог наделил Адама такой способностью говорить, потому что Адам должен был отдать часть своего слова, часть своей сущности животным, чтобы они смогли обитать в его мире. Поэтому, когда Адам согрешил, всё пришло в упадок, так как сущность Адама заключалась во всех птицах небесных, зверях полевых и т. д. Далее потомки Адама стали потомками всего творения, поскольку его слово было в них. Бог позволил Адаму сформировать их по собственному слову. Здесь отчетливо видна работа механизма пророчествования, механизма, заложенного в Адама - он пользовался им при формировании мира по образцу своего собственного существа и намерений. Именно священство Адама наделило его способностью смоделировать творение по его намерению.

Помните, Бог не говорил ему, как называть животных. Он привёл к Адаму животных, пребывавших в состоянии творческого анабиоза, чтобы они сформировались или проявились в этом мире. Те из вас, кто знает меня, понимают, что я чётко различаю творение и формирование. Адам участвовал в формировании, но они [животные] уже были созданы, хотя их модель здесь, на земле, ещё не была установлена.

Итак, Адам был помещён во Святое Святых, в Эдемский сад. Являясь священником, производя вибрации своими словами и своим существом, он должен был оказывать влияние на всё творение. Он должен был сделать все миры обитаемыми планетами, способными нести жизнь. Жизнь должна была проистекать из него. Ещё одна священническая обязанность, возложенная на Адама, заключалась в том, чтобы все своё время проводить во Святом Святых за изучением того, что Бог вершит на небесах. Помните, Бог провёл всех животных мимо Адама, который просто должен был сидеть во Святом Святых, и видя образец на Небесах, проявлять его на Земле. Священство Адама является примером для нас, как и Первосвящество Иисуса Христа, Который стал священником по чину Мелхиседека.

Бог построил храм, который был садом, и поместил туда Адама, как высшее внутреннее святилище Божественности. Это означает, что Адам, как священник, на самом деле и является Святым Святых, потому что именно в его лицо Бог вдунул дыхание жизни, и создал «нешама» – внутреннее интеллектуальное начало, способное общаться и соединяться с Богом. Итак, есть внутреннее Святое Святых, которое носил в себе Адам, и есть сад, который был храмом. И хотя они не похожи на храм и ковчег, описанные в Писании о Святом Святых, становится понятным, почему Господь сделал Адама Святым Святых – Он Сам уже обитал внутри Адама, вложив Свое дыхание и сущность внутрь него!

И Первосвященник храма тоже является Святым Святых. Без него Святое Святых остаётся бесполезным, потому что само по себе не может функционировать до тех пор, пока туда не войдет Первосвященник для общения с Божественным. Этот принцип связи был проиллюстрирован примером ковчега в Храме – главнейшим предметом Святого Святых – чем и должен быть человек. Адам для окружающего его творения также был Святым Святых, потому что внутри него жило дыхание Божье. Таким образом, когда он говорил изнутри себя, всё в творении обретало форму.

Я пойду дальше и заявлю, что сила формировать то, как творение будет проявлять себя, проистекает изнутри священников. Однако то, что находится внутри священника, должно быть божественным, должно быть Божественностью. Если священник несёт зло или разрушение, а не Божественное, то его служение миру также приводит ко злу и разрушению. Сейчас некоторые проповедники призывают к гражданской войне в нашей стране (США – прим. пер.), они действуют как священники сатаны и посредники в уничтожении человечества, а не священники Бога. Означает ли это, что я не верю в Суд? Верю! Но одной из фундаментальных задач священника является приведение творения в гармонию, и это их призвание – давать рождение новому творению. Когда Адам был в саду, он не убивал, а проявлял то, что было внутри него. Возьмём в пример одно из животных – слона. Как бы ни была массивна его внешняя форма, он сотворён так гармонично, что не разваливается на части – и это строение возникло потому, что Адам говорил к нему в состоянии божественной осознанности всех связей в творении. Вспомните Писание:

и Он есть прежде всего, и всё Им стоит (англ. – Им удерживается вместе – прим. пер.) (Колоссянам 1:17)

Адам произносил слова именно в состоянии связанности всего со всем. Следовательно, всё, что он изрекал в творение, представляло и отражало, кто есть Бог, каким Бог создал его, и кем ему быть в условиях микроклимата храма Эдемского сада. Храм Эдемского сада растиражирован на всё творение. Но сам Эдемский сад представлял собой микрокосм вселенского храма.

Бог не просит нас решить все вопросы Вселенной одномоментно. Он не просил об этом даже Адама. Бог наделил Адама властью на определенной территории, чтобы обучить его владычеству над всем творением. Священник служит не только человечеству, но и Богу. Мы склонны забывать, что священник предназначен для самого творения, чтобы поддерживать его в балансе созвучия с Божественным. Адам собрал реверберирующие частоты всего творения и принёс их Богу как жертву хвалы, одновременно поддерживая творение в равновесии. Если вы заметили, священство нынешней эпохи на самом деле не сосредоточено на приведении в гармонию природы и творения. Напротив, говоря людям покупать оружие, чтобы убивать других, мы превратили наше священство в суд и разрушение. Это далеко не истинная суть священства. О, я знаю, что вы ответите, что и Израиль сделал много чего против воли Бога, но в этом случае также сыграло роль несовершенное священство, пронизанное человеческим самоуничтожением.

Не забывайте, что ваше священство не из нижнего мира. Моисей не убивал никого своей рукой. Он приносил животных в жертву, но не человека. Адам в своём служении действовал преимущественно в логике жизни. Аарон также никого не убивал. Священник должен содержать руки чистыми от чужой крови. Когда идёт война между народами, священник служит Богу тем, что открывает двери и доступ к Божьей армии и сам следит за содержанием своих рук в чистоте. Мы знаем, что однажды Иисус Христос как наш Первосвященник придёт судить землю, и что мы подчиняемся Его власти и священству, которое построено на логике «жизнь к жизни». Иисус сказал своим ученикам носить меч, но что сделал Иисус, когда Петр попытался использовать его? Велел убрать:

Тогда говорит ему Иисус: возврати меч твой в его место, ибо

все, взявшие меч, мечом погибнут; (Матфея 26:52).

Важно читать Писание в полноте.

Я знаю, что многие из нас не хотят говорить о том, что земля стонет, а реки умирают. В таком случае, по традиционным африканским обычаям, мы предупредили бы остальных, сказав, что река мертва, и не следует пить из её потока. В Библии также есть примеры, когда людей предупреждали об ядовитой воде. И только пророк, действующий как священник, положив что-то в воду, исцелял её. Так же поступил и Моисей, когда превратил горькие воды (мара) в сладкие (Исход 15:22-25).

Вы – верующие, можете брать пример со священника Адама, который сам есть основа преображения природы, поддерживавший ее способность давать людям жизнь. Простите меня, но молиться о том, чтобы деревья жили, говорить рекам, обращаться к атмосфере в своей стране, чтобы обеспечить легким чистый воздух – это не суеверие, и вовсе не либерализм, левачество или уклонение не в ту сторону, а именно то, что и надо делать священникам.

Если мы живём, ощущая внутри хаос, мы не сможем эффективно выполнять свой священнический труд. Человек, который боится что-то упустить, не способен сосредоточиться на Боге, поэтому становится неэффективным в своём священстве. Мы знаем, что люди постоянно убивают друг друга с целью завладеть материальными благами, но цель истинного священника Божьего – привести Вселенную в гармонию.

В Израиле именно священник отвечал за распределение уделов. Почему Бог доверил это не только одному Иисусу Навину? До него Моисей, прежде чем отправиться в обетованную землю, распределил уделы. Он увидел землю сию в духе и разделил её между сынами Израилевыми.

Иисус Навин и Первосвященник, который обязан был присутствовать при этом процессе, поделили наследие и передали каждой семье свой удел. Точно так же вы и я, если мы правильно действуем в этом творении, то должны дать каждой семье на земле пространство для функционирования в соответствии с даром, которым наделил Бог.

Мы должны открывать Божье наследие каждой семье на Земле, чтобы люди черпали из него и вносили свой вклад в творение так, как было предназначено Богом. Мы ни в коем случае не имеем права уничтожать народы из-за опасения, что те предъявят права на свой удел. Так поступали арийские священники в Индии. Вероятно, по этому поводу вы думаете так: «Но ведь Бог сказал Израилю уничтожить всех ханаанеев». Действительно ли Израиль уничтожил их? Нет. Если вы помните, те самые люди, которых Израиль не уничтожил, стали частью родословной линии Мессии, которому вы поклоняетесь. Вспомните, что Вирсавия была хеттеянкой. Таким образом, священство Израиля как средство очищения мира от идолопоклонства всё равно открывало миру искупление. Если Бог так заинтересован в том, чтобы вы были священником, который убивает всех вокруг себя ради получения наследства и сохранения власти, которую, по вашему мнению, вы имеете, тогда почему Бог сказал, что наступает время «перековать мечи на орала» (Иоиль 3:10)? Всё, что мы делаем - временно, тем не менее, если мы будем правильно выполнять свои священнические обязанности, многие конфликты на земле исчезнут. Все современные конфликты, разрушения и хаос – у ног священников мира. Когда священники не выполняют свои обязанности должным образом и как задумывал Бог, то они начинают функционировать по своей эгоистичной выгоде, чтобы захватить и удержать больше власти. Когда у священников есть эти тленные мотивы, в творении наступает победа хаоса. О, если бы мы нашли священников, которые носят гармонию внутри себя и действуют так, как изначально планировал для них Бог! А пока, к сожалению, всё, что они делают, не проявляет изначального намерения Бога. Демонстрируя национальный эгоизм или племенную неприязнь, мы не понимаем, что священникам нельзя выходить за рамки своего предназначения. Им необходимо начать священнодействовать, приводя творение в гармонию.

Считаете ли вы нормальным срубить дерево, содержащее сто тонн воды, и не посадить другого только потому, что вы христианин? Те из вас, кто хочет сказать, что на земле нет никаких проблем, идите и понаблюдайте за растущим размером пустыни в Африке. Некоторые из вас скажут, что эти проблемы африканцев связаны с проклятием. Однако это не так! Проблемы, с которыми мы сталкиваемся в Африке, связаны с провалом священства.

Мы сами дали наименование так многому в творении, используя демонические слова, что неудивительно, когда воды становятся ядовитыми, а деревья умирают на корню. И снова скажу, что это происходит по той причине, что священство не функционирует должным образом. Нам надо восстанавливать священство Адама. Мы любим рассказывать о саде к востоку от Эдема, о реках, которые там текли, однако в саду жил ещё и человек, который должен был выполнять функции священника. Бог наделил Адама силой поддерживать порядок в саду с помощью гармоничных частот его голоса и вибрациями его существа, чтобы через них и влиять на всё творение. Именно священство Адама дало нам то, чем мы до сих пор наслаждаемся в природе – деревьями, птицами и др. Мы обязаны заново вступить в священнические обязанности, начать говорить с творением. Если священник не станет приказывать солнцу, его излучение со временем станет вредным, а должно быть наоборот. «Днём солнце не поразит тебя, ни луна ночью» (Псалом 120:6). Мы те, кто создаёт нашей священнической гармонизацией эту защиту. Бог поставил перед священниками определенные задачи. Однако именно тогда, когда священничество превратилось в «профессию», задачи перестали выполняться, потому что священство стало средством манипулирования людьми ради получения власти. Любой, кто призывает вас сегодня взять ружье и пистолет, чтобы убивать других, пытается использовать вашу кровь, чтобы поставить себя и свою семью лидерами на земле. Будьте осторожны, если вы позволяете людям пророчествовать вам такое. Да, сейчас средства самообороны изменились, но это не то, к чему нужно стремиться.

Священство Адама означает постоянно обитать в храме как Святое Святых и, из внутренности собственного существа формировать распространение сада по земле, за её пределами и во всём творении. В этом контексте священство подразумевает господство и изменение экосистем. «Экогосподство», если хотите, а не «разрушение экосистем». Экогосподство – это управление потоком энергетического начала Божественности, когда все экосистемы физического мира получали жизнь, которая есть в священниках и от священников. Оно активирует изначальное присутствие сущности Божественного в творении, чтобы всё творение начало поклоняться и благословлять Бога. Затем священник может собрать эту хвалу и в качестве приношения передать в присутствие Святого – в этом и заключается священство Адама. Выше я уже говорил, что Адам –

тот, кто приводит творение в гармонию, и поэтому Бог буквально всех животных провёл перед ним. Теперь я скажу то, чего нет в Писании. Я верю, что Бог также провёл перед Адамом все остальные семена творения, прежде чем они стали полнотой того, что они есть, потому что Бог хотел, чтобы сущность Адама присутствовала во всём, что было сотворено. Он хотел, также чтобы Адам не просто увидел эти семена, но и с помощью дыхания Божества гармонично взаимодействовал и воссоединялся с ними в творении. Если бы этого не произошло, нам были бы не понятны слова Писания, которые говорят: «Ибо тварь с надеждою ожидает откровения сынов Божьих» (Римлянам 8:19), потому что они вытекают из понимания, как создавалось творение из сущности Адама. Поэтому, как только Адам появляется на своём законном месте священника, к нему приходит всё творение. Таким образом, священство связано с сыновством, из сыновства проистекает пророчество. Любое пророчество, которое не имеет истока из сыновства и священства, является гаданием.

Как уже было сказано, Первосвященник разделял уделы вместе с Иисусом Навином – царём всего Израиля, чтобы каждая семья имела своё пространство, и чтобы каждый человек смог проявить то, что было заложено в его ДНК, что Всевышний вложил в каждую семью. Таким образом, становится понятно, что у каждой семьи на земле есть дар, данный Богом, который необходим миру. Каждая семья и каждый клан земли имеет группу ангелов, бдящих за ними и пребывающих с ними. Когда народ выступает против божественного намерения судьбы, и оно не выполняется, ангел его бытия ослабевает. Именно так и произошло с Израилем. Даже архангел Михаил не мог защитить Израиль, когда народ отказался следовать своей судьбе. Всё это зависит от добросовестного исполнения священником своих обязанностей. Священник должен держать врата открытыми и создавать атмосферу гармонии, искупления, примирения и взаимосвязи. Самое печальное - творение может стать для нас разрушительным и утратить сдерживающую его силу и взаимосвязь с нами, если мы не поднимаем его нашими вибрациями, молитвами и поклонением на его самый высокий уровень.

Вернёмся к вопросу уделов. Если внимательно читать Писание, вы увидите, что левиты и священники не имели удела среди своих братьев. Для справки прочитайте Числа 18: 20-25; Числа 26:22, Числа 35-36 Второзаконие 10:9, 12:12. 14:27-29, 18:1 и далее и 32:8-9. Позвольте мне резюмировать мои мысли. Мы обсуждали творение и то, что вы, как священники, являетесь распределителем уделов или тем, кто открывает наследие семьям на земле. Вы помогаете им сформировать свой потенциал, чтобы Бог прославился через племена, семьи, и земельные хозяйства. Не будьте разрушителями или помехой для семей на земле!

Он – Бог, и Ему должно поклониться всякое колено, но священник, которого воздвиг Бог, должен держать эту дверь распахнутой и помогать людям оставаться способными к раскрытию своего потенциала. Священники не должны быть пристрастными, хоть и набирались из определенного колена. Адам никогда не был пристрастным к кому бы то ни было: коровам, слонам или деревьям. Он был таким священником, который дал всему творению возможность проявить заложенное внутрь него божественное намерение. Он сформировал всех по образцу, по которому они были сотворены. Он проявил их в реальность в соответствии с их божественными задачами, чтобы творение продолжило приводить всё в гармонию, вознося Святому самою суть поклонения. Как Исаия мог приказать деревам в поле рукоплескать (Исаия 55:12)? Как мог Давид приказать всей земле поклоняться Господу? Они знали, что когда звучат их слова, творение обязательно ответит им, как своим царям и священникам. Откуда они могли знать, что священник – лидер поклонения вселенского хора, направляющий звук гармонии всех сфер Вселенной? Конечно, из Нового Завета мы знаем, кто является примирителем всего творения, приводящим его в гармонию, кто заставляет какофонию голосов стать стройным симфоническим оркестром поклонения – это Иешуа. Как Священник Он объединяет все эти элементы, актом священнодействия направляя звук творения к престолу Божьему. Мы также можем направлять потоки поклонения Всевышнему, и через это выпускать на творение дождь изобилия и приумножения.

Итак, в Библии говорится, что священники Израиля не имели удела среди своих братьев:

И сказал Господь Аарону: в земле их не будешь иметь удела и части не будет тебе между ними; Я часть твоя и удел твой среди сынов Израилевых; (Числа 18:20)

Давид говорил, что им была определена десятина. Прошу заметить, что священники управляли десятиной. Десятина или десятая часть – это символический прообраз процесса творения и совершенствования, т.е. десять или 1 (Один) и 0 (Ноль) – отвечают соответственно за круг и за единицу. Другими словами, за перемещение чего-то из небытия. Священник – носитель творения. Именно это и делал Адам. Бог создавал что-то и приводил к нему для формирования, а затем проявления. Всё это делалось силой Божьей, а не силой Адама. Бог передал всё Адаму с целью проявления. Десятина была отдана священникам не для того, чтобы было чем питаться. Отделение десятой части имело цель. Бог вводит принцип десятой части в книге Бытие, чтобы сделать священника хранителем и надзирателем гармоничного движения творения, что позволяло бы ему должным образом выполнять свою роль. Именно на основании такого священства можно было остановить разрушительную бурю и перенаправить её природный поток на продуктивный путь для человечества.

Священник должен был сжечь все части туши, которые принадлежали Богу, чтобы вознёсшийся к Нему дым стал приятным благоуханием (например, Числа 15:3). Когда Бог чувствовал это благоухание, то вспоминал о бедственном положении Божьего народа. Это не значит, что Он забывает; Бог никогда не забывает. Однако воспоминание есть воспоминание. Человечество приносит в жертву воспоминание, чтобы вернуть память творения в гармонию, и таким образом, творение, семья и каждый человек обновляются.

Знаете ли вы, что священники отвечали за создание атмосферы для празднования Юбилея? Они трубили в трубы, выступали с заявлениями и объявляли о свободе в юбилейный год. После провозглашения священников ни один раб не мог остаться рабом (если только сам не решил остаться таковым). Подтверждением свободы был результат священнического пророчества. Из-за чрезмерного крена в современных пророчествах мы забываем об этом. Иисус пришёл исправить такое положение, Он возложил на жертвенник священства Своё пророческое служение, потому что Его пророчества всегда зиждились на сыновстве и священстве.

Опять же в Библии сказано, что у священников не было удела среди братьев. А затем говорится: «…ибо Господь есть удел их». Я хочу, чтобы вы задумались об этом на секунду. Во-первых, почему Бог не разрешил священнику иметь удел среди своих братьев? Это было потому, что Бог не хотел, чтобы они были привязаны к материальному имуществу своих братьев и их положению, но чтобы они могли принимать четкие решения в вопросах поклонения Богу. Это не значит, что Бог хотел, чтобы священники были бедными и ничего не имели, потому-то Бог говорит: «Я их удел». Если Господь является уделом священника, то священнику не нужно бояться, что прихожане перестанут жертвовать свои деньги, когда священник заговорит правду. Вот как всё задумано. Бог знал, что если израильтяне уйдут в идолопоклонство, первое, что они сделают – начнут угрожать священнику и откажутся приносить десятины. Итак, Бог говорит: «У вас не будет удела. Потому что Я буду о вас заботиться. Я обеспечу все ваши потребности». Он также повелел Израилю приносить жертвы и десятины левитам. Всё это важно для создания гармоничного взаимодействия между священником и народом.

Став верующими, мы все стали священниками, но не все призваны делать одно и то же. Бог по-прежнему призывает разных людей на разные задачи. Некоторые люди путешествуют по миру и, проповедуя Евангелие, вынуждены полагаться на верующих, но они всё равно прежде всего зависят от Господа. Если вы священник и следуете мнению людей, потому что ваше процветание или изобилие привязано к ним, вы потерпите неудачу в своём священстве. Если вы будете следовать за руководством церкви и поставите своё священство в зависимость от руководителей, вы потерпите неудачу в своём священстве, а через это и в своём пророчестве. Даже если вы хотите поддерживать отношения с лидерами всего мира, вы все-равно должны оставаться независимыми от них, даже если связаны с ними. Ваше священство не должно зависеть от их одобрения или неодобрения. Ваше священство должно зависеть только от ваших прямых отношений с Богом. Что произойдёт, если целая нация уйдёт от Господа? Должен ли священник следовать за этим народом и заблуждаться вместе с ним? Ответ на этот вопрос – нет. Единственный способ, которым священник может поддерживать свою Божественную целостность – оставаться непривязанным к схеме обеспечения, которую дает мир.

Значит ли это, что священник должен быть бедным? Нет. Многие верующие говорят: «Ну, я священник, поэтому у меня ничего не должно быть». Однако посмотрите, что сделал Бог, чтобы удовлетворить потребности священников. Он предоставил левитам шесть городов, называемых «Шестью городами-убежищами». В своих неудачах или лишениях люди всегда могут найти убежище в городах священников. Таким образом, священник становится тем местом, куда несчастный человек может прийти, чтобы его жизнь обновилась и была в безопасности до момента освобождения. Ваша священническая задача в мире – создавать убежище для слабых, страдающих людей, и даже незнакомых вам. Ну, а что мы видим на самом деле – священников, которые не желают выделить место для чужих или слабых. На самом деле они много рассуждают о вдовах и сиротах, но плохо обращаются со своими работниками. Вы удивитесь, сколько так называемых проповедников или христиан жестоко обращается со своими подчиненными. Они претендуют на свою исключительность, но сами же постоянно портят отношения с теми, с кем вместе работают. Это серьезно. Разве вы считаете, что люди, которые работают на вас, не заслуживают того, чтобы вы заботились о них, когда у них возникают проблемы? То, как построен этот мир и как священник устраивает свой дом – вещи совершенно разные. Есть то, в чём священник не должен участвовать никоим образом, но, к сожалению, это замалчивается. Например, первосвященнику в Израиле не разрешалось владеть рабами. Люди должны были участвовать в их труде и служить им добровольно.

А ваш священнический удел – это Святой Бог. Если вы утверждаете, что являетесь священником, где ваш удел? Ваш удел – Бог, а это значит, что вы никогда не останетесь с пустыми руками. Вы всегда будете получать припасы, и ваши житницы всегда будут полны, потому что у Бога ни в чём нет недостатка. Он – Эль Хай Шаддай, Всемогущий Живой Бог. Он с тобой. Бог говорит, что Израиль – удел Бога, а затем Бог поворачивается и говорит священнику: «А твой удел – Я». Это означает, что если вы выполняете истинные обязанности священника, у вас есть доступ к своевременной полноте Божественности. Вам не нужно бояться скудости, потому что страх того, что вы останетесь с пустым корытом, станет вас искушать отойти от настоящего священства.

Итак, Бог предоставил левитам шесть городов-убежищ, а затем еще 42 города, где они могли жить. Земля вокруг этих городов на протяжении многих километров была также предоставлена им, чтобы они были отделены от остальных. Такие города стали центром духовного труда, чтобы Израиль мог существовать и далее. Он дал им 42 города, в которых они могли жить, плюс 6 городов-убежищ, что равно 48, а это число в сумме составляет – 12. Число двенадцать полностью представляет Израиль и не только. Бог поставил эти города, чтобы израильские священники могли контролировать звездные системы. В то время как другие народы гадали по звездам, священники могли расстроить их козни, которые пытались перенаправить звезды или движение солнца и луны в ущерб земле. Израильские священники на самом деле защищали весь мир. Многие думали, что они действуют в интересах только Израиля, но они тем самым защищали весь мир, когда силу творения отвращали от идолопоклонства, разрушения, хаоса и болезней.

Самое простое, что может делать священник – это осуждать людей, потому что кому как не ему видеть человеческие слабости. Вынести приговор легко, потому что вы знаете их вину. Однако Бог призвал вас исцелять сокрушенных сердцем, перевязывать раненых, быть Галаадским бальзамом, который приносит исцеление народам, и делать всё возможное, чтобы стоять перед Богом от имени людей. Вы неправы, если говорите людям не молиться о грядущих событиях. Вы заблуждаетесь, если советуете людям покупать оружие и отвлекаете их от молитв. В этом случае ваше священство становится колдовством. Будьте осторожны с тем, что вы делаете. Наше священнодействие должно быть сосредоточено на исцелении народов и мира.

Если мир упорствует восстав на Бога, то ему предстоит суд, но несмотря на это, наша священническая работа заключается в том, чтобы продолжать трудиться над гармонизацией и умилостивлением. Когда Израиль выходил из Египта, израильтяне не убили ни одного египтянина – это сделал Бог. Бог знает, как судить праведно и справедливо. Люди этого не знают, однако священник должен быть тем, кто обеспечивает милосердие, благодать, равновесие на земле и вступается за творение. Когда Бог принимает решение произвести суд, он делает всё, что в Его силах, чтобы отодвинуть суд на потом. Бывают времена, когда мы не можем отодвинуть время Его суда, но мы не должны злорадствовать или радоваться Божьему суду.

Ваше священство способно нести на себе все творение. Ваше священство настолько твердо, что ваш удел – это Сам Святой! Если ОН и есть ваш удел, то вам не нужно бояться проиграть. Вы можете свободно выполнять обязанности священника, делайте это правильно и тогда изобилие будет течь к вам рекой. Вы становитесь этим уравновешивающим началом, проявляя милость, благодать, когда сосредотачиваетесь на божественном «умилостивлении-единении» и божественном примирении с человечеством. Издавайте частоты, приводящие в гармонию космические голоса, возносящие хвалу и поклонение. Становитесь горнилом преображения творения даже для тех, кто против вас и даже для ваших предполагаемых врагов. Если вы приведёте землю в порядок, то ваши враги только выиграют от этого. Однако, если вы этого боитесь, то вы не можете быть эффективным священником. Помните, как та женщина сказала Иисусу:

Она сказала: так, Господи! но и псы едят крохи, которые падают со стола господ их. (Матфея 15:27)

Вы не можете быть хуже, чем этот мир, который позволяет есть всем, включая животных. Я никого не называю животным. Это – метафора. Когда вы приводите Вселенную в гармонию, все, даже нечестивые, вовлекаются в нее. Если вы беспокоитесь, что нечестивые получат от этого выгоду, то вы ничего не сможете сделать. Ваше священство должно быть подобно природе вашего Отца, который посылает дождь на всех – праведных и неправедных. И так до тех пор, пока Сам Бог не решит, что пришло время для суда. Даже когда настанет время, священник не может перестать взывать и вступаться за людей. Опять же, творение будет слушать вас, потому что вы священник.

Обеспечение придёт к вам, потому что вы священник, и потому что Святой Сам является вашим уделом, а это означает, что всё творение будет стремится обеспечить вас. Вам не нужно бояться, что вы будете нуждаться. Такого нет даже в книгах. Вам не нужно бояться, что из-за того, что вы служите священником, ваш бизнес умрёт. На самом деле, ваш бизнес будет процветать, потому что ваше священство направлено к Богу. Ваш удел даже в вашем бизнесе и работе, которую вы выполняете – это Сам Бог. Бог не оставит вас, потому что Он сделал вас священником через кровь Своего Сына.

Не бойтесь осуществлять священнодействие для своей семьи, братьев и сестёр. Творение прислушается. Обеспечение придёт. Вы можете открывать двери для семей на земле, чтобы они начали ощущать полноту первоначального заявления Божественности, которое звучало так: «Это хорошо, и увидел Бог, что это весьма хорошо». В каждую семью на земле Бог вложил доброту, таково было Его намерение. Наша задача – молиться, чтобы эта доброта проявилась в творении. Божественность вложена во все галактики, несущие потенциал для проявления разнообразия жизни. Наша задача –

вибрировать таким образом, чтобы эта скрытая Божественность отвечала Божественности в нас, как в священнике, который служит в храме Святого.

Это ключ. Давайте сохраним частоту гармонии, которую дал нам Иисус:

Мир оставляю вам, мир Мой даю вам; не так, как мир даёт, Я даю вам. Да не смущается сердце ваше и да не устрашается.
(Иоанна 14:7)

Пребывайте в этом мире и в этом гармоничном взаимодействии или согласованности благости и гармонии Бога. Тогда вы сможете передать это творению вибрациями через Иисуса Христа. Как сказал Христос: «Мир Мой даю вам, не как мир даёт». Давайте жить так, во-первых, чтобы вы сами могли стать эффективными священниками для творения здесь и сейчас. Будьте верующими, для которых источником дел служит эта сокровенная гармония. Возможно, у вас проблемы дома. Тогда будьте горнилом, которое заставляет эту ситуацию преобразиться, пусть проявится Божественное в вашей ситуации. Если вы сражаетесь в одиночку, этого не произойдёт. Но если вы стали гармоничным открытым пространством, горнилом для действия Божественности, это приведёт к гармонизации атмосферы в вашей семье. Это начнёт привлекать красоту и благодать Бога и глубокое исцеление для вашего народа, ваших братьев, вашей нации, для тех, кто связан с вами, и, в конечном счёте, для всего творения. Я призываю вас думать именно со священнической точки зрения. Тогда ваши пророческие способности станут ещё сильнее. И если вы одарённый пророк, ваше священство сделает ваше пророчество более точным и сильным. Если вы провидец, вы увидите более ясно, отказавшись от предвзятости и действуя в своем сыновстве и священстве. Насколько же невероятно велика сила, которую вы несёте на земле как Божьи священники! Вы так благословенны! О, священник Всевышнего, как сильно Бог оберегает тебя! Ваше наследие – Святой. Не бойтесь. Помните об этом, вибрируйте этими частотами, и обеспечение придёт потоком, потому что так сказал Бог. Бог создал вас не для того, чтобы вы были одинокой травинкой. Он сотворил вас, чтобы вы были плодовиты, черпали воду из святого места. О священник Божий, о сын Божий! Дитя Божье, ободрись! Мы видим новый вид пророческого движения среди верующих, а не те пророческие слова, которые исходят из проклятия страха и какой-то внутренней ненависти к другим людям. Мы видим гармоничную, формирующую проявленную божественную благодать на лице земли.

АКТИВАЦИЯ ВО ВРЕМЯ ПРИЧАСТИЯ:

Мы хотим принять это причастие для укрепления наших сил как священников, преображающих творение.

В поисковой строке браузера введите следующий адрес, чтобы принять участие в причастии с доктором Обоннайей и укрепиться в вашем священнодействии:

https://www.aactev8.com/course?courseid=aactev8-media-archives

Затем выберите Главу 4 «Причастие». Вам нужно будет создать/войти в свою бесплатную учетную запись вебсайта Aactev8.

Текст служения причастия

Вы священник по чину Мелхиседека. Вы изучаете, что значит быть священником. В ночь перед тем, как Иисус пострадал, Он говорил языком священников: «Сиё есть тело Моё, которое за вас предаётся; сие творите в Моё воспоминание». Священник был носителем воспоминания о Божественности. Он побуждал народ помнить завет: «Сиё творите в Моё воспоминание». Каждый раз, когда вы причащаетесь, вы подтверждаете свой статус священника. Когда-то Иисус сказал принимать причастие, но теперь это делаете вы. В некоторых церквях говорят, что вы являете ту жертву, которая открывает сферу жизни Сына Божьего. Он сказал: «Сиё есть Тело Моё, за вас ломимое; сиё творите в Моё воспоминание». Иисус говорит: «Вспомните Меня. Вспомните. Пусть это активируется в вашей памяти, что Я проложил вам путь». Вы, священник Божий, держите этот хлеб в руке. Ты держишь этот хлеб в руке, дитя Божье, и ты чувствуешь, как сила Святого Духа течёт по тебе, и бежит вверх и вниз по твоему телу. Ты чувствуешь мурашки, вызванные движением Духа по твоему телу. В твоём теле сейчас происходит воссоздание тела Христа. Мы – Тело Христово. Мы – Тело Христово. Мы – Тело Христово, сустав к суставу, мы черпаем жизнь из жизни. Богу нашему слава! Благодарю Тебя, Господь.

Он взял чашу и возблагодарил. Он поднял чашу и возблагодарил. Благословен Ты, Господь Бог, Царь Вселенной, дающий питьё и утоляющий жажду всем приходящим к Тебе. Благословен Ты! Мы благодарим Тебя. Мы благодарим Тебя. Мы благодарим Тебя. Со всеми ангелами и архангелами, с Офанимами и Ерелимами, со всеми коронованными, со всеми, кто отвечает за глубины и высоты, со всеми звуками небес и звуками глубин, мы благословляем имя Господа. Со всеми сияющими громами и молниями, со всеми огненными Серафимами, которые поют Тебе хвалу, со всеми Хашамаимами, появляющимися и исчезающими. Отец, Царь Славы! Со всеми князьями Божьими – Михаилом. Отец, мы поклоняемся со всеми ними, мы возвеличиваем, мы приходим посредством этой крови, этой чаши завета. Мы восхваляем Тебя, Отче, со всеми сынами Божьими, со всеми детьми Божьими во все времена, мы собираемся вместе и поклоняемся вместе с теми, кто вверху, и теми, кто внизу. Мы поклоняемся, мы возвеличиваем, мы прославляем Тебя, Святый. Йод Хей Вав Хей Элохим, мы поклоняемся. Кровью Иешуа, этой чашей Нового завета, мы приходим в Твоё присутствие. Со всеми победителями, армией воинства Господня, поклоняемся, возвеличиваем всеми звуками хвалы и величания. Благословенно имя Твоё! Аллилуйя! Со всеми ангелами Лика, со всеми ими, Царь Славы, со всеми, кто взирает на славное величие Святого, со всей силой основания тайны Святого Сына, мы поклоняемся. Со всеми Херувимами мы поклоняемся, мы поклоняемся. Поднимаем чашу хвалы. Мы поднимаем эту чашу спасения. Мы благословляем твое имя, о Яхвэ. Мы благословляем Твоё имя, о Яах. Благословляем имя Твое, Святый. Хвала, хвала, хвала Отцу. Хвала Сыну. Господи, мы проходим через кровь Иисуса. О кровь Иисуса, говори за нас! Говори о мире в нашем мире. Говори о милосердии. Говори о благодати, Господь Бог Всемогущий. Говори о творении. Говори о реках, источниках, горах, холмах и долинах. Говори, Царь Славы, обо всём, что Ты сотворил. Говори, Царь Славы, чтобы солнце исцелилось, и луна засияла. Говори, Царь Славы, чтобы звёзды, которые – Твой свет, Твоя жизнь, Твоё слово, которое Ты произнёс, сказав: «Это было хорошо», чтобы звезды могли снова реверберировать в творении. Мы благодарим Тебя. Господи, мы так благодарны за Твою жизнь завета – Чашу жизни, Чашу благодати, Чашу милосердия. Примите.

Аллилуйя. Хвала Тебе, Отец. Я благословляю вас. Я славлю Бога за вас.

5

СВЯЩЕНСТВО И
ХЕРУВИМОВ МЕХАНИЗМ

Херувимова структура позволяет
чему-то обычному стать магнитом
и притянуть на землю то, что Бог
сотворил на небесах.

Давайте обсудим период истории от Исаака до Иакова и херувимов процесс, посредством которого мир должен прийти к первоначально задуманному состоянию. Именно в этот период начинается восстановление и превращение всего человечества в единое тело в том его образе, которое создал Бог. «Херувимова структура» или «херувимово тело» имеет как минимум четыре лица и 24 крыла (24 + 4 = 28 = 10). «Херувимов механизм» предназначен для проявления нового. «Херувимова деятельность» – для открытия дверей творению, чтобы осуществить перевод из области идей в область реализации.

Херувим функционирует в десяти сферах существования и реляционности на основе кратной двенадцати. Тем не менее, число десять тоже важно, потому что Бог всегда повторяет его, когда для проявления творения Ему требуется херувимова структура. Функция херувимовой структуры – не просто открыть врата приходящим процессам из другого мира в этот, но создавать нечто из ничего, где число десять имеет жизненно важное значение. Вот что я нашёл в книге Иезекииля: у херувимов 24 крыла, и у них четыре лица, в сумме – это 28, сложив 2 и 8, получаем 10, если использовать простую гематрию. Похожим образом, когда Бог дал Авраму и Саре пять и пять, добавив букву «хей» к их именам (было: Abram, Sarai, стало Abraham, Sarah –

прим. пер.), Он позволил прийти в этот мир исконному творению, возродив то, что было утрачено, или, если хотите, повторно введя это в творение. Мы можем посмотреть на это под другим углом – с точки зрения 1-й главы книги Бытия. Прежде чем видимый мир был сотворён, Бог изрёк Своё слово десять раз.

Итак, мы установили, что Херувимова функция работает десятью, бинарно (сочетание 1+0). Херувимова реляционность и взаимодействие существ посредством двенадцати – это 1+2 = 3), а три – фундаментальный принцип взаимодействия внутри Троицы. С точки зрения завершённого творения этот принцип работает посредством 24, что в сумме составляет число шесть, как и 3 + 3. Соответственно одна 3 – верхняя, а другая 3 – нижняя, что суммарно равно 6. Шесть обозначает сотворение человека как существа социального, способного к взаимосвязи. Однако существа, открывающие врата для проявления тех вещей, которые уже были в творении, но теперь должны проявиться в большей степени в других характеристиках – это две разные вещи.

Мы имеем дело не только с херувимовой структурой двоичного начала. Я хочу, чтобы вы знали, что «1» и «0» или принцип десяти тоже всегда в наличии. Херувимова структура несёт в себе возможность создания чего-то из ничего. Большинство херувимовых структур построены в виде врат, которые открывают вход в этот мир для транспортировки того, что существует в других мирах, либо же, наоборот – из этого мира в другой. Она может также функционировать в составе механизма создания того, что пока не существует. Речь не идёт о приведении невидимого в видимое, потому что невидимое может существовать, не будучи видимым, а я говорю о том, чего ещё нет. Итак, Бог вначале творит мир из ничего, Он формирует основу мира. Хотя понятие «ничего» можно оспорить, что-то Им же уже было создано. Однако в данном случае это выражение я использую специально в контексте создания из того, что раньше не существовало вообще. Вот что я имел в виду, упоминая об Аврааме и Сарре, когда произошло возвращение в творение того, что из него исчезло, а именно – восстановление херувимовой структуры, которая представляет такую функцию человечества как совместное творчество с Богом.

Она восходит к реляционному началу самосуществующего Бога. Другими словами, херувимова природа также является способом связи с тем, что существует в мире. Она позволяет обмениваться пространствами или мирами. С помощью херувимовой структуры нечто, существующее на краю Вселенной, может быть перенесено из одного места в другое, и затем проявиться вследствие взаимосвязанности внутри творения. Учитывая херувимову природу человека, мы точно так же можем вытолкнуть что-либо обратно в другие измерения или миры. Это различие носит скорее философский характер, но оно имеет право на существование.

Принцип десяти в данном случае означает, что такой вид творения инициируется под властью Бога, который, затем, даёт людям разрешение участвовать в нём.

А когда херувимова природа человека выходит на первый план, тогда человек начинает притягивать нечто уже созданное и существующее в иных мирах, но невидимое этому миру, для того, чтобы оно в нём проявилось. Херувимова природа – это ориентация на истинного Бога или, говоря космологическим языком, на Истинный Север. Полярная звезда не всегда была звездой, указывающей на север. Древние знали, что через несколько тысяч лет новая звезда вступит во владение, и указывать на север будет уже она. У нас остались записи шумеров и египтян, описывающих это явление. Даже жители Индской цивилизации зафиксировали то же самое.

Кроме того, мы знаем, что живём в космосе, и что Земля вращается вокруг Солнца, а не наоборот. Тем не менее, мы ведём себя так, как будто солнце вращается вокруг Земли. Итак, то, как мы живём и то, как всё на самом деле устроено – вещи разные. И если в нашем языке для определения положения солнца над горизонтом все ещё используются слова «восход» и «закат», это лишь для того, чтобы облегчить себе жизнь, чтобы другие не подумали, что мы сумасшедшие, хотя мы знаем, что солнце не восходит и не закатывается. Мысль о том, что Солнце вращается вокруг Земли – сумасшедшая идея, потому что это неправда.

Вернёмся к Иакову. Можно подумать, что он точно покончил с идолопоклонством, тем не менее, Израильский народ возвращался к идолопоклонству вновь и вновь. Проявляя такого рода постоянство, он испортил свою херувимову природу, хотя Бог всё время говорил ему, чтобы не превращать в бога то, что не является богом. В какой-то момент Он сказал о Ефреме так:

Привязался к идолам Ефрем; оставь его! (Осия 4:17)

И тут же Сам вопрошает:

**Не дорогой ли у Меня сын Ефрем? не любимое ли дитя?
(Иеремия 31:20)**

Видите ли, будучи людьми, мы не понимаем, как объективизация нашей силы или её интеграция в определенные рамки объекта уменьшает возможности нашего функционирования в качестве херувимовых врат для перемещения чего-либо. Бог создал множество всего, но все это существует в других мирах, не здесь. Есть столько неизвестных нам технологий, творений, и хотя отчасти мы знаем о них, но не можем переместить их сюда.

Поэтому до сих пор продолжается поиск ответа на вопрос, можем ли мы вообще создать что-то новое? Да, можем! Потому что у нас есть херувимова природа. Однако, вовсе не обязательно создавать те вещи, в поисках которых мы находимся, нужно просто начать их перемещать, потому что они уже существуют – наш Отец позаботился об этом. Бог создал Эдемский сад отчасти для того, чтобы дать Адаму врата проявления вещей из одного мира в другой – того, что уже было создано. В саду Бог позволил Адаму в процессе творения животных проявить их в физической форме, когда каждое из них проходило через дугообразные врата, образованные херувимскими частотами Адама, резонирующими с другими вратами, садом.

Знаете ли вы, что у Нового Иерусалима есть звучание? На самом деле это целая симфония – множество звуков, звучащих параллельно. Помните фугу, которой прославился И. С. Бах (*Canon 3 a 2 per Motum contrarium [Ricercar Consort]*)? Он создал пьесу, где каждая следующая партия строится поверх предыдущей, что выглядит почти противоречиво. На самом деле пьесу иногда называют контрариумом – доказательством от противного. Но к концу фуги все голоса удивительным образом приходят в гармонию. Гармоничные частоты такого типа присутствуют и в херувимовой природе человека, и херувимовых вратах. Забавно то, что херувимовы врата сада и Адам имели одинаковую частоту ДНК, так что, сонастраиваясь, могли заставить творение перемещаться из другого мира. Я как-то упоминал о том факте, что в саду именно Ева вызвала проявление змея. Частота, которая позволила змею проявить себя – такая же, как во внутреннем существе Каина. Сейчас именно она мешает определенным вещам стать явными на Земле, потому что из-за греха Каина Бог закрыл эти врата. Как следствие, некоторым трудно получить определенные вещи для себя, и то, что когда-то приходило легко, больше так не приходит именно потому, что невозможно воскресить брата из мертвых. Однако Бог оставил эти врата и херувимову структуру в жизни Каина, потому что простил его. Да, мы знаем, что Каин был от лукавого и сделал зло, но Бог всё же простил его.

Теперь давайте свяжем эти события с Израилем. Первое, что Бог сотворил с Иаковом – сделал его вратами для проявления высшего небесного мира, дав ему тринадцать детей. Двенадцать сыновей и одна дочь служили порталами, поэтому Бог построил их трое, по трое, по трое, по трое, в форме треугольного процесса вхождения в этот мир потока, центром которого было женское лоно, поскольку женщина была центром всего.

Итак, священство, как вы слышали в моём учении, является женской функцией, другими словами – это функция «лона», которое и стало горнилом для формирования херувимовой природы. Вот почему Стражи пытались развратить женское лоно. По тому же поводу змей хотел развратить лоно Евы, то же самое было с Саррой. Но Сарра знала, есть причины, по которым что-то закрыло её лоно для зачатия, поскольку проблем с бесплодием со стороны Авраама не было. И тогда Сарра берет Агарь и создает отдельную херувимову структуру, которая уводит прочь структуру идолопоклонства. Другими словами, эта структура обратила всю систему, сфокусированную на объектах или чистых системах, в систему поклонения. Из этого не следует, что нечистые животные по Писанию не могут быть частью херувимовой структуры. Могут. Просто они должны быть очищены, чтобы стать участниками этой структуры.

Вернёмся к примеру с Иаковом и его двенадцати сыновьям. Если вы заметили, Дина, как тринадцатый ребёнок, больше не упоминается после того, как была изнасилована хананеянином Сихемом (Бытие 34). Правда в том, что если бы этого не случилось, она должна была стать священницей. Только подумайте, если Дина должна была принять этот статус, то для этого ей необходимо было выйти замуж за одного из своих братьев. Я знаю, что ваш разум должен переварить то, что я сейчас говорю. Видите ли Авраам женился на своей сестре. И поскольку в такого рода союзе был духовный подтекст, то Бог Сам начал истреблять инцест в Израиле. Именно инцест – причина, по которой Сарра не могла очистить родословную. По той же самой причине Исаак не смог полностью очистить её – инцест всё ещё имел место в роду. И только рождение Иакова освободило Израиль от этих связей – так очистился народ. Кровосмесительство в народе всегда сопровождается идолопоклонством, колдовством и тому подобным. Также последствия практики инцеста у Египетских царей убеждают нас в этом.

Итак, Бог очищает Израиль от инцеста. Я думаю, что Он должен был удалить Дину, потому что Его слово Левию об отсутствии у него своего удела уже было произнесено. Другими словами, это облекло Левия в женский образ – не в смысле гомосексуализма, а по образу женского естества, открывающегося для пространственных или межзвездных путешествий, через которые может пройти что-либо, существующее в других мирах. Священник не создает это что-либо, но он служит херувимовыми вратами, образующими дугообразный переход к чему-то иному, несущему ту же частоту. Именно так священник может перемещать многое в наш мир, так же как и выбрасывать из него что-то в невидимый глазу мир.

Почему Иисус сказал так:

> **Кому простите грехи, тому простятся; на ком оставите, на том останутся? (Иоанна 20:23)**

Благодаря чему это возможно? Но именно в прощении и есть вся причина изменения мира. Херувимова структура и частота священника образует дугу с Божьей частотой. Она и есть основа творения, которая была до сотворения мира. Когда вы образуете такую дугу, вы в состоянии удалять что-либо из этого мира, завершая существование этих вещей раз и навсегда. Прощение – это такое священнодействие, посредством которой мы полностью удаляем грех из мира. В 2019 году я проповедовал послание, в котором говорил, что грех остаётся в мире, потому что в мире нет прощения. В мире нет истинного прощения. О, пожалуйста, не говорите мне, что если вы простили человека, то грех перестал существовать. Это значит, что мы ничему не научились. Священство – это херувимова функция, а пророчество – нет. Это потому, что священство удаляет грех; пророчество же – никак. Если искать только пророчества, всё, чего вы добьётесь – напоминания о своем грехе и своих неудач.

Оно не приносит прощения, потому что не является херувимовым по своей природе.

Хотя наше священство херувимово, мы должны понимать, что этот уровень гораздо больше, чем уровень при Первосвященнике, потому что он был не единственным священником в Израиле. На самом деле, Первосвященник просто получил эту роль, потому что для создания Первосвященника всему Израилю требовалось соединиться. Первосвященник – такой вид херувимовой структуры, у которой двенадцать врат находилось на груди. Наперсник с двенадцатью камнями на груди олицетворял двенадцать врат нижней части Нового Иерусалима. Носить его могло только херувимово существо. Ефод – накидка на хитон, покрывающая только грудь и спину. В области плечей на ней были начертаны двенадцать имён. Верхнее царство было на его плечах потому, что он не был носителем верхнего царства. Он был носителем нижнего царства на своем сердце, а ефод был напоминанием о возможности верхнего царства. Первосвященник в храме олицетворяющий херувимово естество преображался до такой степени, что всё его лицо, мимика и движения менялись по мере священнодействия.

Хотите услышать ещё одну интересную историю? Говорят, что на лице Первосвященника, когда он приближался к храму в День Умилостивления, отображались разные лица древних израильтян. Помните, мы много говорили об особенностях строения херувимова тела? На самом деле, как и у Первосвященника, так и у вас должна быть связь с теми, кто умер и пребывает живым в царстве Отца. Вы - обладатели херувимовой взаимосвязи, и это - не некромантия, так как связываетесь с теми, кто умер и находится в царстве Отца. Это не может быть некромантией, если тот человек – живой, а вы связываетесь с ним на таком уровне жизни, которого нет на этой земле.

Когда у Иакова появилось тринадцать детей, он создал возможность появления херувимовой структуры, которая должна была служить вратами для всего, что приходит из того мира в этот. Я периодически называю это «невидимыми вещами», но не имею в виду, что их не существует. Только последователь современного научного материализма оспорит существование вещей, невидимых обычным глазом. Он будет утверждать, что то, что не может быть обнаружено пятью видами чувств, не может существовать. Процент тех, кто придерживается такой точки зрения, сейчас составляет меньшинство. Тем не менее, было время, когда наука говорила только о том, что можно увидеть, попробовать на вкус, потрогать, услышать или обонять. Теперь мы знаем, многое, что существует в мире, трудно уловить даже с помощью микроскопов. Например, мы можем видеть последствия чего-то, но не можем распознать его источник, или то, что вызвало тот или иной эффект. Никто больше не спорит, что невидимое существует. Люди когда-то говорили: «Если я этого не вижу, значит, этого нет». Больше никто так не говорит – даже самые большие приверженцы материализма. В священнодействии херувимова структура служит механизмом, позволяющим невидимому стать видимым. Она также позволяет перейти сюда тому, что было создано где-то в другом месте. И неважно, как далеко эта вещь существует, даже если на расстоянии 300 миллиардов световых лет, херувимова структура привлечёт её. Вам надо только настроить своё существо на херувимово звучание и образовать дугу с тем миром. Вы это можете! Важно только научиться фокусироваться.

Ещё до того, как я узнал, что в нашей Солнечной системе есть более 120 спутников планет, я уже говорил о том, что 120 указывает на конец существования плоти. Когда я только начал учить этой концепции, ко мне устремился поток откровения и однажды я получил его в полноте. Я разговаривал с одним из моих студентов, который слышал, как я говорил об этой концепции, и его исследования подтвердили то, что я говорил. Та херувимова структура, которую я строил, а также дуга, образованная с нашей Луной и спутниками других планет, позволила мне перенести эти знания в наш мир. То же самое произошло, когда я образовал дугу с водой. На протяжении многих веков мы признавали, что вода – одно из наиболее распространенных веществ, но мы не знали, как её использовать. Я привнёс знание о том, что было невидимым в знание нашего творения, где оно теперь может проявиться. Это и есть херувимова дуга.

Большинство людей и даже большинство верующих имеют доступ только к одному или двум аспектам своей херувимовой природы. Они даже не знают, о чем я говорю, когда говорю о «херувимовой природе». На самом деле большинство людей не осознают, что в их существе происходит больше трех- четырёх херувимовых взаимодействий. Что, если я скажу, что вы одновременно земной херувим и человек, а ваша фундаментальная структура – 24? Что, если я пойду дальше и скажу, что, когда ангелы восходили и нисходили по лестнице Иакова, было 24 ангела из 24 разных измерений, несущих 24 врат вверх и вниз? Иаков – земной человек, и эти числа всегда без остатка делятся на определенное число. Количество часов в сутках равно 24, что кратно шести - числу человека. Я просто хочу, чтобы вы знали, что всё дело в математике и в человечестве. Фундаментальная структура, которую Бог даёт нам в творении – это 24, которая затем служит новым структурам, строящимся в это время. Даже другие структуры, которые были построены раньше, основаны на том, как земля влияет на другие места. Я настаиваю на том, что Земля – это штаб Божьей Вселенной. Этому учит нас Библия.

И сказал Бог: да произрастит земля зелень, траву, сеющую семя, дерево плодовитое, приносящее по роду своему плод, в котором семя его на земле. И стало так. И произвела земля зелень, траву, сеющую семя по роду её, и дерево, приносящее плод, в котором семя его по роду его. И увидел Бог, что это хорошо. (Бытие 1:11-12)

Он не сказал: «Да произведут небеса». Он сказал: «да произрастит земля…» – и атмосфера откликнулась. Возможно, вам и хочется называть ее «небесами», но на иврите это просто небо и окружающая среда земли, которая и является горнилом творения из-за своей херувимовой природы. Это прототип херувимовой структуры, которую должны повторить все планетарные системы Вселенной, чтобы создалась жизнь. Они будут меняться по образцу Земли.

Народ Израиля в пустыне символически и метафорически олицетворял херувимовы врата. Их поклонение в пустыне и их движение должны были соединяться дугой с другими херувимовыми сооружениями. Давайте сделаем ещё один шаг вперёд. Весь Израильский народ составлял херувимово священство и воплощал херувимову природу в одном человеке, известном как Первосвященник, который носил всех их в своем сердце. Таким образом, внешнее движение херувимовых структур отражалось в движении двенадцати колен Израиля, а священники олицетворяли собой воплощение херувимовых структур. Соответственно, двенадцать колен превращаются во врата, ставшие частью его существа. И это тайна. Все жертвы Израиля для открытия измерений и порталов должны были быть сделаны Первосвященником. В День Умилостивления все эти врата сходятся на нём.

Итак, он открывает врата для очищения и обновления Израиля. Все вещи, созданные Богом на пятый день, были херувимовыми по своей природе, и они образовывали условия для того, чтобы приносить или удалять что-либо.

Также и все животные, используемые для жертвоприношений в Израиле, были созданы на пятый день. В День Умилостивления козёл, отправляемый в пустыню, становился носителем греха Израиля. Опять же, это было потому, что каждое животное, созданное Богом на пятый день, было херувимовым по своей природе. Особенно те чистые животные, которым Бог определил быть таковыми, имели возможность открывать эти врата. Животные по своей природе не способны открывать врата так, как это делают люди. Однако когда человек пал, херувимовы врата животного царства стали чище, чем человеческие. По этой причине царство животных может открывать врата гораздо более эффективно, но до тех пор, пока человечество не будет восстановлено.

Итак, Израиль становился единым существом, которое можно рассматривать как семью, и смотреть на Первосвященника как на воплощение Израиля. Вся одежда Первосвященника – это откровение о том, что Бог планирует делать с херувимовой природой. Бог создал Иакова или Израиля, чтобы он стал херувимовой структурой, способной принимать что-либо из разных миров, и получить доступ ко всему, созданному Богом на этой земле, потому что Израиль является одним из немногих народов, которые фактически был создан для этой цели. Теперь его положение уже не то. Однако эта херувимова структура до сих пор остаётся в сознании евреев, со времён их хождения по пустыне она была предназначена для того, чтобы приносить в этот мир всё, когда-либо созданное, независимо от того, в каком мире находится. Мы знаем, что египтяне отдали им золото, потому что вообще-то должны были оплатить их рабский труд, но вопрос в том, сколько золота им было дано? Если посчитать, сколько требовалось для строительства Ковчега Завета и для всех других предметов храмовой утвари, евреи никак не могли бы принести необходимое количество из Египта. Помните, Израиль – херувимово существо, а херувимова структура не только из органики, она также состоит из металла и камней (драгоценных камней). Вот почему наперсник на одежде священника также является херувимовой структурой, оборудованной живыми камнями. Все камни излучают разные частоты, а в процессе поиска лица Господня, частоты объединяются в единое целое. Они приходят в гармонию. Ефод приходил в гармонию ответов «да» или нет». Камни на наперснике приходили в гармонию от движения их частот. Камни были расставлены в таком порядке, чтобы их звучание, созданное Богом, было гармонично сбалансировано. После того, как Первосвященник входил в Скинию, а затем выходил, всё его тело становилось сплошным музыкальным звуком, так что частота звучания была слышна по всему Израилю. Это означало перенастройку на звук созидающего гласа Бога, несущего прощение всему народу, который в ответ издавал собственный звук.

Теперь поговорим о Моисее. Моисей, насколько нам известно, единственный человек, который физически стал херувимом. Он – единственный, кого Бог использовал для структурирования Израиля. Что же Бог сделал с Моисеем? Я расскажу вам несколько историй из Библии, которые помогут взглянуть на это с новой точки зрения. После того, как Моисей убил египтянина и бежал из Египта, он начал ходить с жезлом. Есть такая общеафриканская традиция. Я знаю, что вы не представляете Моисея африканцем – вы думаете, что он выглядел как Чарлтон Хестон (актер, сыгравший Моисея в фильме «Десять заповедей» 1956г. – прим. пер.). Но Моисей был африканцем. Хотя это не важно, однако в Африке цари и старейшины обычно ходят с жезлом или посохом – такова эта культура. В те времена считалось, что старейшина без жезла не может ходить правильно. Жезл не предназначался быть оружием от змей или опорой для тела. Он – символ власти и ключ к открытию чего-либо.

Идя по пустыне, Моисей увидел горящий куст. Что, если горящий куст был воплощением природы Моисея, но он не знал об этом факте? Помните, что Моисей был африканцем и египтянином. Такое явление не могло не привлечь его внимания. Моисей был магом в доме фараона. Не забывайте, что, хотя он родился от еврейки, его отец был африканским вождем, точнее сказать так – фараон был африканским вождем. Это происходило до того, как арабы захватили Африку, и до того, как вестготы и остготы захватили там власть. В то время в Северной Африке жили только чернокожие. Это было до того, как они подверглись нападениям и начали мигрировать. Я рассказываю это лишь для того, чтобы вы поняли, что значит для африканца быть сыном вождя. Думаю, индейцу это тоже будет понятно, или тому человеку, который изучает культуру своего народа, если, конечно, у него есть национальное наследие.

Моисей принадлежал к такой культуре, в книге Деяния 7:22 сказано, что он был научен всей мудрости Египетской (в англ. – обучен понимать тайны – прим. пер.). Он де-факто участвовал в египетских и африканских колдовских ритуалах. Многие чудеса, совершенные им, берут корни из этого мировоззрения. Обычно мы на скорости пролетаем мимо этого места в Писании, но мы должны увидеть, что Моисей был практиком. Потому-то Бог и избрал его. Если бы он был просто ученым-теоретиком, он бы ничего не смог совершить. В Египте тех времён невозможно было быть учёным и не быть посвящённым в тайны. Его первой херувимовой практикой была встреча с горящим кустом, который одновременно был человеком. Моисей не мог быть каким-либо другим кустом или деревом. Это должен был быть куст, Моисей, который горит, но не сгорает. Он воочию столкнулся со своей ангельской сущностью – не только горящей, но и говорящей. И Бог проговорил через огонь. Это было то, о чём я только что говорил – херувимова частота. Моисей обращает свои намерения к кусту, Бог говорит с ним, и в этих обстоятельствах создаётся дуга, которая позволяет Моисею общаться с Ним из другого мира. Однако без активации херувимовой структуры своего существа Моисей ни за что не смог бы услышать Бога или пережить Его. Это означает, что херувимова природа усиливает и открывает звуковые волны Божьи, чтобы человек мог услышать их.

Бог заговорил с Моисеем, и его жезл превратился в змея. Моисей поднял его, и тот вернулся в прежнее состояние.

И сказал ему Господь: что это в руке у тебя? Он отвечал: жезл. Господь сказал: брось его на землю. Он бросил его на землю, и жезл превратился в змея, и Моисей побежал от него. И сказал Господь Моисею: простри руку твою и возьми его за хвост. Он простёр руку свою, и взял его; и он стал жезлом в руке его… (Исход 4:2-4)

И назвал его Бог жезлом Моисеевым, а Моисей, взойдя, назвал его жезлом Божьим.

И жезл Божий Моисей взял в руку свою. (Исход 4:20).

Мы почти не обращаем внимания на этот отрывок, но жезл,

превратившийся в змея, – это не просто магия. Когда человек становится херувимовым существом, всё, что Бог даёт такому человеку, черпается из херувимовой структуры. Таким образом, жезл, с которым ходил Моисей, в определенный момент стал называться жезлом Божьим.

Вам стоит изучить некоторые иудейские тексты, чтобы понять, почему фараон так боялся Моисея. И вправду, почему? Фараон был богом, который мог превращаться в другие существа, такие как шакал, ястреб или орел. Но когда Моисей пришёл к нему, фараон попросту испугался его. Почему фараон не убил Моисея в самом начале? Можно сказать, что это Бог защищал его, но даже тогда для защиты Бог использовал херувимову природу Моисея. Откуда мне это известно? Потому что, когда Моисей, наконец, восшел на гору в присутствие Бога, а потом сошёл с неё, лицо его стало сиять лучами (англ: на его лице выросли рога – прим. пер.):

Когда сходил Моисей с горы Синая, и две скрижали откровения он держал, то Моисей не знал, что лицо стало рогатым оттого, что Бог говорил с ним. (Исход 34:29

[Библия Дуэ-Реймса])

Это означает, что если фараон действительно был тем, на что он претендовал, то становится понятно, почему он испугался, увидев преображенного Моисея, прежде чем тот обнаружил это сам в себе. Помните, что эти люди, не христиане, а такие как египтяне и индусы, очень уважают своих богов. Они ни за что не убили бы своего бога. Итак, если бы Моисей не явил херувимову структуру, фараон убил бы его. Возможно, Моисей ещё не знал о своей херувимовой природе, но будучи египтянином, он знал, что может стать любым существом, каким захочет. Когда открылась истинная херувимова природа Моисея и над его лицом появились рога как у быка, Библия говорит, что он сам не мог знать этого. И поэтому люди вынуждены были закрывать его лицо до тех пор, пока рога не втягивались внутрь, но даже после этого он отказывался снять покрывало, потому что не хотел, чтобы люди знали, что рога вернулись в его тело. Вот почему Павел сказал, что покрывало было на израильтянах каждый раз, когда читался закон (2 Коринфянам 3:14), потому что закон читался под херувимовой структурой. И даже когда херувимова слава рассеивалась, Моисей не снимал покрывало, поэтому они все ещё думали о законе, данном под измерением херувима.

Имея такую надежду, мы действуем с великим дерзновением, а не так, как Моисей, который полагал покрывало на лицо своё, чтобы сыны Израилевы не взирали на

конец преходящего. Но умы их ослеплены: ибо то же самое покрывало доныне остаётся неснятым при чтении Ветхого Завета,

потому что оно снимается Христом. Доныне, когда они читают Моисея, покрывало лежит на сердце их; (2 Коринфянам 3:12-15)

Итак, у Моисея был такой опыт с Богом, который позволил раскрыть данный аспект его существа. На самом деле у Моисея было четырёхликое лицо, но израильтяне могли видеть только одну сторону. Причина тому заключается в том, что во время проявления лиц Моисея в небе царствовал бык (знак Тельца). Это одна из причин, по которой израильтяне пытались создать себе золотого тельца. И потому Бог открывает тельца в херувимовой структуре существа Моисея, чтобы не дать им поклоняться идолам. Чтобы показать народу, что на самом деле то, что они ищут, уже входит в состав каждого человека. Но это же Израиль! Нельзя переносить своё существо в предмет. Ну, приехали! Вы же только что видели, как у Моисея появились рога!

Я не согласен с мнением, что Библия написана прямолинейно. Некоторые раввины утверждают, что Моисей изменился после золотого тельца. Даже если и так, Бог говорит Израилю, что идол, созданный людьми – это не то, на что им нужно проецировать свою херувимову природу. Эта природа уже внутри них, а не снаружи. Это касается и нас. Перестаньте проецировать себя на что-то другое. Все должно оставаться в человеке.

Та же структура была у Первосвященника. На что вы не обращаете внимания, рассматривая венец Первосвященника, так это на букву Шин Гадоль, у которой четыре рога. Она похожа на Шин, у которой их три. Если бы вы посмотрели на Шин Гадоль глазами индейца, вы бы увидели человека, носящего оленьи рога. Мы, современные христиане, часто забываем, что древние действительно понимали и получали откровение о небесном устройстве, но у них не было технологий, чтобы красиво это изобразить. Они просто брали рога животных и надевали себе на голову. Так делали все наши предки. Мы должны перестать думать, что они глупые. Временами они видели небесные жертвы и то, что происходит на небе, но вместо того, чтобы узнать действительное значение этого, они начинали убивать своих собратьев и проливать их кровь на алтарь, чтобы получить доступ к этим тайнам.

Итак, Моисей вернулся вниз с небес и встретился с Веселеилом и народом Израилевым:

И сказал Моисей сынам Израилевым: смотрите, Господь

назначил именно Веселеила, сына Урии, сына Ора, из колена Иудина, и исполнил его Духом Божиим, мудростью, разумением, ведением и всяким

искусством, составлять искусные ткани, работать из золота, серебра и меди, и резать камни для вставливания, и резать дерево, и делать всякую художественную работу; (Исход 35:30-33)

Веселеил использовал те же буквы, которые Бог применял для создания мира. Когда Бог дал Авраму и Саре букву «Хей», изменив их имена на Авраам и Сарра, то в ДНК Авраама Он вновь активировал язык, с помощью которого создал Вселенную. Вот как иврит стал языком земли.

Итак, в случае с Веселиилом буквы иврита это херувимовы буквы. Они используются для формирования херувимова тела. Веселиил смог использовать буквы для создания всей скинии. В свою очередь, скиния и её части являются отражением человеческого тела на определенном уровне. Я говорю не только о трёх отделениях скинии, но и о различной утвари в ней. Веселиил готовил каждую часть скинии и использовал херувимовы буквы, чтобы создать скинию как херувимово тело – живое существо. Он создал все детали скинии (мы часто говорим о 613 частях, но их было больше), и всё в ожидании сборки было разложено по порядку. Моисей, будучи херувимом, далее должен был соединить свой голос с херувимовыми структурами неба. Как-то давно я уже учил о десяти именах Бога, которые Моисей использовал для поднятия ковчега. Библия не говорит, что Израиль собрал скинию из деталей, а о том, что Моисей «поставил скинию» (в англ. «поднял скинию» – прим. пер.).

В первый месяц второго года, в первый день месяца поставлена скиния. И поставил Моисей скинию, положил подножия её, поставил брусья её, положил шесты и поставил столбы её. (Исход 40:17-18)

Он заставил скинию восстать. Это то же самое слово (וַיָּקֶם или вай-я-кем), которое мы видим у Исайи, когда Бог говорит:

Восстань, светись, Иерусалим, ибо пришёл свет твой, и слава Господня взошла над тобою. (Исайя 60:1)

Моисей не мог бы поставить скинию и влить энергетическую структуру Божью, если бы его собственная херувимова природа не была в этом задействована. Когда была построена скиния, также был изготовлен Ковчег Завета. Все компоненты были собраны вместе. А что было сооружено на крышке Ковчега? Там располагались два херувима, крылья которых дугообразно соединялись друг с другом.

Теперь поговорим о херувимовых вратах. О том, что происходит там, где эти крылья соприкасаются, и где звучание Первосвященника и Израиля соединяется со звучанием творения мира. Мы разберёмся в этом, и в конце поговорим о том, кто мы есть, что сказано о нас в Библии, и почему нам так трудно это принять. Я заявляю: завтра Иисус не придёт! Я буду повторять это снова и снова, потому что мы ещё не проявляем нашу херувимову природу.

Херувимова структура позволяет чему-то обыкновенному на земле стать магнитом для сотворённого Богом на небесах и привести это на землю. Если отсутствует полноценный херувим, всё это останется на той стороне. Это означает, что врата не были нацелены друг на друга, так как поток божественной силы, крепости, премудрости и разумения приходит только в том случае, если херувимово существо осознаёт, кем является, и тогда происходит соединение его голоса со звуком, который исходит из скинии с той стороны. Тогда меняется сама атмосфера, так же как на некоторых наших служениях поклонения. Если вы вслушивались когда-то, то не возможно не услышать, как происходит процесс соединения дуги.

Хотя то, что образовывает дуга понятно и без комментариев. Дуга, соединяющая голоса херувима, который и есть голос иных языков. Меня удивляет, что пятидесятники этого не понимают. Мне часто приходится разжимать людям рот, чтобы они заговорили на языках. Зачем кого-то заставлять говорить на языках? Это же ваша дуга, соединяющая вас с миром небес, и открывающая херувимовы врата для небесного проявления в этом мире! Так почему я должен заставлять вас? Оставайтесь слепыми и закрытыми, если так хотите. Я больше не спорю с церквями по этому поводу. Я просто иду куда-нибудь и начинаю говорить на языках минут так двадцать. Чокнутые религиозники начинают злиться и нервничать, потому что какая-то сила в них начинает говорить: «Я не хочу быть здесь. Я не хочу здесь находиться». Я тем временем продолжаю говорить на языках, а их оскорблённость всё растет и растет, пока не лопнет терпение. А затем, когда голоса приходят в созвучие, образуется дуга между двумя мирами.

Итак, подведём итог. Моисей поставил скинию. Детали её были изготовлены и пропитаны херувимовым алфавитом, который в своё время использовался для замешивания и создания мира. Бог заново активировал эти буквы в Израиле через Авраама. Далее, через Моисея Бог использовал эту самую структуру, чтобы создать миниатюру миров. Он позволил херувимовой структуре стать основой для формирования и установки скинии в пустыне. Она же стала механизмом активации Ковчега. Без активации человеческого херувима Ковчег остаётся просто предметом. И пока церковь не поймет свою херувимову природу, мир останется прежним и непреображённым, а мы останемся незрелыми, не поняв, кто мы есть на самом деле. Почему-то мы думаем, что криками и духовными заклинаниями, без задействования нашей херувимовой природы, мы достигнем какого-то результата. Не будьте самонадеянными. Вы должны действовать, зная, кто вы есть. Моисей так и делал. Как только Ковчег Завета был активирован, вся жизнь Израиля в пустыне изменилась.

Хочу вам объяснить ещё кое-что. Вы когда-нибудь задумывались, почему Израиль столкнулся с великанами в земле Ханаанской? Когда оттуда вернулись соглядатаи, они сказали, что чувствовали себя кузнечиками. Они не понимали тогда, что это было запланировано

Богом, который хотел, чтобы они выглядели в своих глазах именно так, потому что кузнечики – херувимовы существа. У некоторых из них восемь крыльев, у других – шесть, что действительно свойственно херувимам. Итак, когда вы читаете еврейское слово «кузнечик», вы понимаете, что это был ещё один способ для них увидеть себя херувимами! Но они так и не поняли, восприняв этот знак как отрицательный, отреагировав соответствующим образом. Вы помните, что я говорил вам, что вы никогда и ничего не видели в природе в том виде, в котором всё было запланировано изначально? Вы видите уменьшенные формы того, как эти существа выглядели до грехопадения человека. Если бы вы шли по дороге и вдруг увидели существо с четырьмя ликами: собачьим, кошачьим, рыбьим, птичьим – вы бы не поверили, что Бог мог послать такое. Как бы сильно вы ни любили собак или кошек, вы не поверите, что это сделал Бог. А если бы до этого вы увидели херувима таким, каким его увидел Иезекииль, вам также потребовалось бы отсылка к предыдущему опыту, чтобы сказать: «Это от Бога!» Соглядатаи, видимо, забыли то, с чем сталкивались в пустыне, когда им в течение трех-четырех лет открывались небесные миры. Они могли ходить по этим мирам, видели, как Моисей стал херувимом, как устроена скиния. Тем не менее, назвав себя кузнечиками, они не приняли реальную природу этого существа в себе через херувимову структуру, но только как его уменьшенную форму. Проповедники правы, когда говорят, что они не смотрели на себя глазами веры. Это мощное откровение.

А что Бог говорит о саранче? Он говорит о ней: «Моё воинство» (Иоиль 2).

Слово Господне, которое было к Иоилю, сыну Вафуила.

Слушайте это, старцы, и внимайте, все жители земли сей: бывало ли такое во дни ваши или во дни отцов ваших?

Передайте об этом детям вашим; а дети ваши пусть скажут своим детям, а их дети следующему роду: оставшееся от гусеницы (англ. оставшееся от стригущей саранчи – прим. пер.) ела саранча, (англ. – ела роящаяся саранча – прим. пер.) оставшееся от саранчи ели черви, (англ. оставшееся от роящейся саранчи ела прыгучая саранча - прим. пер.)

а оставшееся от червей (англ. а оставшееся от прыгучей саранчи - прим. пер.) доели жуки. (англ. доела губительная саранча - прим. пер.) (Иоиль 1:1-4)

Если читать буквально, звучит так, будто саранча просто делает своё дело, но правда в том, что речь идёт об уменьшенных существах, имеющих херувимову структуру творения. Теперь они в самом низу цепочки. Иначе, если бы они были в своём первоначальном виде, они бы правили нами, а не мы ими. Вы никогда не видели слона или льва в его настоящей сущности. Вы знаете, как выглядит слон в этом мире, но это слон уменьшенный. Каким бы большим он ни был, он не находится в своей первоначальной форме. Всё в творении было умалено, низведено и подчинено Богом, чтобы вы могли править. Оно останется в таком виде до тех пор, пока вы не разовьёте свою херувимову природу, до тех пор, пока вы не осознаете, что вы многомерное существо.

Являетесь ли вы членом Тела Христова? Если тело Христа – это херувимово тело, то у вас есть доступ к миллиардам миллиардов людей, энергий и структур, потому что вы являетесь частью этого херувимова тела. Херувимова сила – это в том числе доступ к другим технологиям, которые вам неизвестны или могут быть совсем не развиты у вас, но вы можете связаться с теми, у кого они есть, ибо мы члены друг другу.

Мы, сильные, должны сносить немощи бессильных и не себе угождать. (Римлянам 15:1)

Зачастую мы рассматриваем это как законы нравственности. Например, если мне кажется, что человек врёт, то ему нужно помочь перестать лгать. Но этот стих включает в себя более широкое понятие. Вы – часть того херувимова тела, в котором соединились с теми, кто жил за тысячи лет до вас. Вы связаны с той сумасшедшей африканкой, которая молится под деревом в Тимбукту. И она связана с вами. Это касается каждого. Кем же, по вашему мнению, вы являетесь в этой херувимовой структуре? Вы уже понимаете, что у вас есть херувимовы врата и что, соединяя свой голос с голосом Тела Христова и с голосом небес, вы действительно можете открывать миры, где то, что там создано, может стать видимым здесь.

АКТИВАЦИЯ ВО ВРЕМЯ ПРИЧАСТИЯ:

Давайте совершим причастие. Мы хотим принять это причастие для укрепления наших сил, сил священников, преображающих творение.

В поисковой строке браузера введите следующий адрес, чтобы принять участие в причастии с доктором Обоннайей и укрепиться в вашем священнодействии:

https://www.aactev8.com/course?courseid=aactev8–media-archives

Затем выберите Главу 5 «Причастие». Вам нужно будет создать/войти в свою бесплатную учетную запись вебсайта Aactev8.

Текст служения причастия

Возьмите хлеб. Сиё есть тело Моё, которое за вас предаётся; Возьмите и ешьте в воспоминание обо мне.

…сия чаша есть Новый завет в Моей Крови; возьмите и пейте её в Моё воспоминание. Господь Иисус Христос, Твоё тело и Твоя кровь, Тело и Кровь, Тело и Кровь. Благословен Ты, Господь Бог, Царь Вселенной. Дай нам хлеб небесный. Ты отдал Своего Сына, Который излил Свою жизнь как жертву возлияния. Дай нам привилегию пить из Его жизни и света Его бытия. Мы поклоняемся Тебе, Отец. Ты свят и величествен. Мы поём Тебе хвалу и прославляем Твоё Имя. Со всеми ангелами и архангелами, со всеми Офанимами и Ерелимами, со всеми, кто благословляет твоё имя сверху, со всеми венценосными старейшинами, Отец, и со всеми окружающими существами, со всеми, кто ушёл раньше, со всеми мужчинами и женщинами в белом виссоне, которые воздают Тебе славу, мой Бог и мой Царь, кто постоянно созерцает Твоё лицо, со всеми ангельскими структурами, мы чтим Тебя. И мы присоединяемся к ним и говорим: свят, свят, свят Господь Бог Воинств. Вот, вся земля наполнена Твоей славой. Мы обращаемся к Тебе, Агнец Божий. Ты достоин получить славу, честь, силу и победу, потому что Ты искупил нас и Кровию Твоею Ты поставил нас царями и священниками, священниками Богу Отцу нашему. А Тебе, Отче, сидящему на престоле, и Агнцу благословение и честь, слава и премудрость во веки веков. Аллилуйя! Царство Его и скиния Его с нами.

С Телом Христовым. Чаша нового завета, кровь Иисуса.

Эти действия символичны. Поднимите хлеб вверх, опустите вниз. Руку с хлебом вправо. Руку с хлебом влево. Теперь по центру. Подождите немного. Поднимите хлеб опять вверх. Осторожно опустите его вниз. Держите, теперь в центр, и теперь из центра. Поднимите вверх, Теперь вправо. Вниз. Теперь влево. И опять в центр. Из центра вверх. Теперь влево. Вниз. Теперь вправо. Теперь в центр. Сделайте им круг, вернитесь в центр.

Со всеми Ангелами и Архангелами, со всеми Венценосными, Кетеримами со всеми Офанимами, со всеми Арелимами, со всеми Серафимами, со всеми Хашмалимами, со всеми Малакимами, со всеми Бени-Элохимами.

Со всеми Таршашимами, со всеми Панинимами, Даминимами, со всеми, со всеми, со всеми. Со всеми, кто держит основание, и со всеми праведниками, которые являются основанием миров, со всеми херувимами... мы поднимаем хлеб.

Эйе Ашер Эйе, Йод Хей Вав Хей, Элохим, Эль, Йах, Йод Хей Вав Хей Адонай, Элохим-Цеваот, Яхве-Цевоот, Эль Шаддай, Адонай Кол Ха Эретц, и Имя превыше всех имен Иешуа Хамашиах.

Перед именем Иисуса Христа преклоняется всякое колено, исповедует всякий язык на небесах, на земле, под землею, во всяком творении. Господи, Твоё тело было предано за нас. И теперь с великой благодарностью, Отец, Твоим именем Иешуа, по Твоей заповеди, мы преобразуем это в Твоё тело, а это в Твою кровь, Хлеб Небесный... Питье Эдемское... тело Христово. Отче, для исцеления нашего тела, для настройки нашего тела, для настройки нашей души.

Благодарю Тебя, Господи Иисусе. «Сиё есть тело Моё, берите, ядите».

Кровь Иисуса, кровь Иисуса, жизнь Сына Божьего. Достоин Ты, Агнец Божий, Который Кровию Своею искупил нас и соделал нас Царями и Священниками Богу Отцу нашему.

Кровь Иисуса, кровь Господа нашего Иисуса Христа.

ОБ АВТОРЕ

Адония Окечукву Обоннайя (BA, MATS, MA, Ph.D.) является основателем AACTEV8 International, апостольского служения и служения Царства, которое работает с Телом Христовым по всему миру в целях завоевания душ, ученичества, обучения и снаряжения святых в тайнах Царства и жизни в Царстве. Доктор Обоннайя (также известный как А. Окечукву или «Доктор О») живет в городе Венис, штат Калифорния, США. Его основная задача – помочь верующим задействовать духовную реальность, открытую для них в Господе Иисусе Христе. Он уроженец Нигерии (Западная Африка), еврей по происхождению. Он получил степень доктора философии и магистра в области теологии и личности, а также степень магистра в области религии в Клермонтской школе теологии, а также степень магистра богословия в Западной евангельской семинарии и степень бакалавра в области религии в Хилкрестском христианском колледже в Канаде. Он также имеет степень доктора философии в области бизнес-изданий.

Он является востребованным докладчиком, его многочисленные учения находятся на вебсайте по адресу: www.aactev8.com.

Доктор Обоннайя женат, его жена – пастор Бенедикта, они благословлены четырьмя замечательными детьми и внуками.

Seraph Creative - коллектив художников, писателей, богословов и иллюстраторов, которые хотят увидеть, как тело Христа вырастет в полный возраст, пользуясь своим наследием Сынов Божьих на Земле.

Подпишитесь на нашу рассылку, чтобы узнать о выходе следующей книги в этой серии, а также о других захватывающих изданиях.

Посетите наш веб-сайт : www.seraphcreative.org

www.ingramcontent.com/pod-product-compliance
Lightning Source LLC
Chambersburg PA
CBHW051538120626
46551CB00013B/1285